INHALT

ENTDECKEN SIE DIE SCHWEIZ!

Unsere Top 15 führen Sie an die traumhaftesten Orte und zu den spannendsten Sehenswürdigkeiten

Die Highlights sind in der Karte auf dem hinteren Umschlag eingetragen

 La Chaux-de-Fonds
Uhrenliebhaber dürfen das Mekka der schweizerischen Uhrmacherkunst nicht links liegen lassen (Seite 38)

 Eiger-Nordwand
Die Wand, die schon viele Bergsteiger das Leben gekostet hat, lässt sich mit der Bahn gefahrlos durchqueren (Seite 41)

 Wasserschloss Chillon
Eine der schönsten Burgen der Schweiz: am Genfer See mit Blick auf die Savoyer Alpen gelegen (Seite 52)

 Matterhorn
Ein Berg von faszinierender Schönheit – vom Gornergrat hat man den besten Ausblick (Seite 52)

 Castello Montebello
Die Burg in Bellinzona gehört zu den eindrucksvollsten der Schweiz (Seite 60)

 Filmfestival Locarno
Sehen und gesehen werden auf der Piazza in Locarno. Stars, Sternchen und Bundesräte lassen sich hier gern blicken (Seite 60)

 Valle Onsernone
Hier fühlt man sich in eine andere Welt versetzt. Auf schroffen Felsen kleben einsame Häuser (Seite 61)

 Via Mala
„Böser Weg" heißt die Schlucht zwischen Thusis und Zillis in Graubünden. Heute ist der Weg nur noch traumhaft schön (Seite 68)

> DIE BESTEN MARCO POLO HIGHLIGHTS

9 Verkehrshaus Luzern
Technikfreaks dürfen das größte Verkehrsmuseum Europas auf keinen Fall auslassen (Seite 70)

10 Rigi
Beliebter Wanderberg für Groß und Klein. Wer's gern bequem hat, kann mit der Zahnradbahn auf den Gipfel fahren (Seite 75)

11 Kronenhalle
Noch immer treffen sich Promis in der Kronenhalle in Zürich, um den eigenen Bekanntheitsgrad zu testen (Seite 86)

12 Aargauer Kunsthaus
Hier sehen Sie die umfassendste und wichtigste Sammlung neuerer Schweizer Kunst (Seite 89)

13 Stiftsbibliothek St. Gallen
170000 Handschriften, Drucke und Bücher: Der Barocksaal der St. Galler Klosterbibliothek ist atemberaubend – ein Genuss nicht nur für Bibliophile (Seite 92)

14 Rheinfall von Schaffhausen
So wild wie hier ist der große Fluss sonst nirgends: Auf einer Breite von 150 m stürzt der Rhein in die Tiefe – beeindruckend besonders nach der Schneeschmelze (Seite 92)

15 Weg der Schweiz
„Wir wollen sein ein Volk von Brüdern": Auf diesem Wanderweg von der Rütli-wiese über die Tellskapelle bis nach Brunnen lernen Sie die Schweiz in ihrem Ursprung kennen (Seite 101)

WAS FÜR EIN LAND!

Blick auf Eiger, Mönch und Jungfrau

AUFTAKT

> Die Schweiz bietet auf kleinstem Raum unglaublich viel: land-schaftlich, kulturell, klimatisch. In zweieinhalb Bahnstunden kommen Sie vom nördlichen Zürich ins mediterrane Lugano, eine Viertelstunde länger dauert die Bahnfahrt nach Genf, mitten ins französische Savoir-vivre. Wer in Bern in den Zug steigt, dem liegt drei Stunden und zwölf Minuten später am Jungfraujoch die Welt auf 3500 m zu Füßen – und das ganz ohne mühsames Bergsteigen! Der Schweizer Sinn für Technik und Präzision macht solche kleinen Verrücktheiten möglich. Und Ihren Urlaub bei den Eidgenossen zu einer Entdeckungsreise für alle Sinne.

> Als sich die Schweiz an der Weltausstellung 1992 in Sevilla unter dem Slogan des Waadtländer Künstlers Ben Vautier präsentierte, war der Skandal perfekt. „La Suisse n'existe pas" (die Schweiz gibt es nicht) sorgte für Aufregung. Viele Jahre später nahm ein Mitglied der Schweizer Regierung den Faden unter umgekehrten Vorzeichen auf. Mit seiner Neujahrsansprache zur Jahrtausendwende unter dem Titel „La Suisse existe" (die Schweiz gibt es) ist der Politiker Adolf Ogi vielen seiner Landsleute nachhaltig in Erinnerung geblieben. Gibt es die Schweiz oder gibt es sie nicht? Sicher ist: Die Schweiz aus einem Guss gibt es nicht.

> Hier wird Basisdemokratie ernst genommen

Vielmehr ist sie Resultat eines langen historischen Prozesses, der 1848 mit der Gründung des Schweizerischen Bundesstaates ein zwischenzeitliches Ende gefunden hat. Von Politikern wird die Schweiz gerne als Willensnation umschrieben, da sie weder ethnisch, sprachlich noch religiös eine Einheit bildet. Sie ist föderativ, das heißt, dezentral strukturiert. Die Kantone besitzen große Autonomie und kümmern sich um wichtige Aufgaben wie Gesundheitswesen und Bildung.

Der Schweizer Bundesstaat besteht aus 23 beziehungsweise 26 Kantonen – je nachdem, ob man die dreimal zwei Halbkantone als eigenständig ansieht oder nicht. Die Schweizer Kantone heißen in alphabetischer Reihenfolge: Aargau, Appenzell-Außerrhoden, Appenzell-Innerrhoden, Basel-Land, Basel-Stadt, Bern, Freiburg (Fribourg), Genf (Genève), Glarus, Graubünden, Jura, Luzern, Neuenburg (Neuchâtel), Nidwalden, Obwalden, Schaffhausen, Schwyz, Solothurn, St. Gallen, Tessin (Ticino), Thurgau, Uri, Waadt (Vaud), Wallis (Valais), Zürich und Zug. Jeder Kanton hat zwei (Halbkantone je einen) Sitze im Ständerat, dem Oberhaus des Parlaments – vergleichbar mit dem Senat in den USA. Insgesamt 46 Sitze hat der Ständerat, 200 der Nationalrat, der die Bevölkerung repräsentiert. Beide gemeinsam bilden das Parlament der Schweiz, die Bundesversammlung. Die Nationalratssitze werden proportional zur Bevölkerungszahl in den einzelnen Kantonen verteilt. Die Parlamentswahlen finden alle vier Jahre statt. Eine politische Besonderheit der Schweiz ist das Referendum. Mit diesem Instrument haben Schweizer Bürgerinnen und Bürger die Möglichkeit, über die von National- und Ständerat beschlossenen Gesetzesvorlagen abzustimmen. Sie können aber auch selber aktiv werden, indem sie mit einer Volksinitiative Gesetzesänderungen verlangen.

> Landschaftlich wie kulturell eine ungeheure Vielfalt

Die beiden legislativen Kammern (Nationalrat und Ständerat) tagen viermal jährlich getrennt. Gemeinsam kommen sie dagegen zur Wahl des Bundesrates, des Bundespräsidenten, des Bundesgerichts, zur Ausübung des Begnadigungsrechts und zur Entscheidung von Zuständigkeitsauseinandersetzungen zusammen. Der

Bundesrat, in den die Bundesversammlung sieben Mitglieder auf vier Jahre bestimmt, ist das, was man in anderen Ländern die Regierung nennt. Der jährlich im Dezember alternierend aus dem Kreis der sieben Bundesräte gewählte Bundespräsident übernimmt für ein Jahr die Funktion eines Regierungschefs. Ein paar Zahlen zur Eidgenossenschaft, die italienisch *Svizzera*, lateinisch *Confoederatio Helvetica* (deren Abkürzung CH das Landeskennzeichen ist) und französisch *Suisse* heißt: Die Schweiz liegt im südlichen Mitteleuropa und umfasst ein Fläche von 41000 km². Sie ist ein Gebirgsland, denn 60 Prozent ihres Territoriums entfallen auf die Alpen. Das Mittelland macht 30 Prozent der Fläche aus, weitere zehn Prozent zählt man zum Gebiet des Juras. 7,7 Mio. Menschen

leben in der Schweiz, zwei Drittel davon in städtisch geprägten Gebieten. Die größten Städte sind Zürich (380000 Ew.), Genf (188000), Basel (190000), Bern (127000) und Lausanne (130000).

Die Schweiz ist ein Einwanderungsland – was politisch ein hochsensibles Thema ist. Die Zahlen jedoch sind deutlich: 1,7 Mio. Landesbewohner besitzen keinen Schweizer Pass. Der größte Teil der Einwanderer kommt aus Italien, Serbien und Montenegro, Mazedonien, Bosnien und Herzegowina sowie aus Deutschland. Neben Deutsch (63,7 Prozent) wird in der Schweiz auch Französisch (20,4 Prozent), Italienisch (6,5 Prozent) und Rätoromanisch (0,5 Prozent) gesprochen. Insgesamt neun Prozent der Schweizer bezeichnen eine andere

Urban, großzügig, kosmopolitisch: Genf, Quai des Bergues

WAS WAR WANN?

450 v. Chr. Die Helvetier, ein keltischer Stamm, wandern ins Gebiet der heutigen Schweiz ein

1291 Die drei Waldstätte, wie die Schweizer Urkantone Uri, Schwyz und Unterwalden einst bezeichnet wurden, schließen sich zum „Ewigen Bund" zusammen

Ab 1517 Am Ende der Reformationskämpfe steht bis heute eine konfessionelle Spaltung der Schweiz. Huldrych Zwingli, der seine Reformation in Zürich (1525) betreibt, fällt im Krieg gegen die Katholiken (1531); damit ist der Glaubenskampf in der deutschsprachigen Schweiz gestoppt. Erfolgreich dagegen ist die Reformation von Jean Calvin in Genf und der Westschweiz (1541)

1648 Der Westfälische Friede besiegelt die Unabhängigkeit der Eidgenossen

1798 Französische Revolutionäre erobern die Schweiz; Gründung einer Helvetischen Republik nach französischem Vorbild

1803 Die Mediationsakte gibt der Schweiz ihre Selbstständigkeit zurück; aus dem Einheitsstaat wird wieder ein Staatenbund

1815 Im Zweiten Pariser Frieden verpflichtet sich die Schweiz zur Neutralität

1848 Aus dem Staatenbund wird ein Bundesstaat mit neuer Bundesverfassung

1971 Einführung des Frauenwahl- und Stimmrechts, außer im Kanton Appenzell-Innerrhoden

2002 Beitritt der Schweiz zur Uno

2008 Die Schweiz tritt dem Schengener Abkommen bei. Damit fallen die Grenzkontrollen weg

als eine der vier Landessprachen als ihre Muttersprache, nämlich Serbokroatisch, Albanisch, Portugiesisch, Spanisch, Englisch oder Türkisch.

> Bezaubernde Bergwelt und weltoffene Städte

Knapp 4,5 Mio. Personen sind erwerbstätig. Obwohl man die Schweiz gerne mit Landwirtschaft (Käse, Milch, Kühe, Alpweiden) in Verbindung bringt, sind nur rund vier Prozent im Landwirtschaftssektor tätig. Erwähnenswert ist dabei, dass bereits jeder zehnte Bauernbetrieb nach biologischen Kriterien wirtschaftet. 23 Prozent der Bevölkerung arbeiten in der Industrie, 73 Prozent sind im Dienstleistungsbereich tätig. Eine wichtige Einnahmequelle ist dabei der Tourismus. In den Berggebieten arbeitet bereits jeder Dritte in diesem Bereich. Der Tourismus leistet einen beachtlichen Beitrag zur Schweizer Wirtschaft. Er ist neben der chemischen Industrie, der Metall- und Maschinenindustrie sowie der Uhrenindustrie der wichtigste Posten des Außenhandels. An der Spitze der Auslandsgäste rangieren die Deutschen, beliebt ist die Schweiz als Reiseziel aber auch bei Engländern, Franzosen und Nordamerikanern.

Zahlen können nicht verdeutlichen, wie schön das Land ist. Ein Sonnenuntergang am Vierwaldstätter See, der Blick auf das Matterhorn. Der illustre Weg von der mondänen Glitzerwelt von St. Moritz über den Malojapass in die ärmste Ecke der Schweiz bei Stampa kurz vor der italienischen

Grenze. Die Rebberge bei Lausanne, der Jura mit seinen Freiberger Pferden. Das Emmental mit seinen mächtigen Bauernhöfen. Genf mit seinem zauberhaften Umland oder Zürich mit seiner kulturellen Vielfalt. Biel (Bienne), die zweisprachige Stadt, mit den Enten und Schwänen an der Uferpromenade. St. Gallen und seine Bratwurst, Davos und sein „Zauberberg". Das Tessin, das schon so italienisch ist und doch mit Italien nicht viel am Hut hat – Augenblicke, im buchstäblichen Sinn, Momentaufnahmen. Die Schweiz ist wie ein andauernder Blick in ein Kaleidoskop. Bunt klicken die Rauten und Kreise zu immer neuen Bildern zusammen. Ständig entsteht ein neues Gesamtbild, das sich beim nächsten Drehen, bei der nächsten Wendung wieder verändert. Die Schweiz ist nicht zu fassen, im übertragenen Sinn nicht. Denn selbst wenn der Besucher glaubt, jetzt kenne er das Land, tut sich eine neue, manchmal nur winzige, geheimnisvolle Welt auf. Und auch im tatsächlichen Sinn kann man die Schweiz nur schwer fassen, nur lückenhaft beschreiben. Der Alpenstaat ist mehr als „einfach ein großer, buckliger, massiver Felsen mit einer dünnen Grashaut", wie der große Mark Twain einst witzelte. Im Gegenteil: Die Bergwelt der Alpen ist geradezu bezaubernd.

„Mutter Helvetia" prägt auch jene, die schon längst im Ausland leben: Der Theaterregisseur Luc Bondy, in Wien lebend, aber 1948 in Zürich geboren, bekennt: „Ich komme heute immer wieder in die Schweiz zurück: Das Engadin ist mein liebster Ferienort

überhaupt; die Luft dort inspiriert mich. Und ich mag an Zürich, dass diese Stadt keine wirkliche Stadt ist, dass der Übergang zum Land unklar ist. Wenn der Zürichsee vor einem Gewitter dunkel wird und die Schwäne

Ernen im Wallis: Auch im Sommer ist die Schweiz ein Erlebnis

fahler, dann wird Zürich sogar mysteriös, traumhaft. Das sehe ich von überall aus." Und wer möchte das nicht selbst erleben?

TREND GUIDE SCHWEIZ

Die heißesten Entdeckungen und Hotspots!
Unser Szene-Scout zeigt Ihnen, was angesagt ist.

Adrian Günter

ist Geschäftsführer der *Iglu-Dorf GmbH*. Die Idee, Unterkünfte aus Schnee und Eis zu erbauen, kam ihm nach seinem einmonatigen Aufenthalt bei den Inuit. Von ihnen lernte er, wahren Luxus in der Einfachheit zu entdecken. Unser Szene-Scout kennt sich jedoch nicht nur in eisigen Dingen aus, auch Kultur und Sport in der Schweiz liegen ihm am Herzen.

▶▶ DESIGN HOCH ZWEI

Klassiker von morgen

Die Schweiz ist nicht nur verantwortlich für Designklassiker wie Le-Corbusier-Stühle und Helvetica-Schrift, sondern stets dabei, neue Produkte mit Klassikerpotenzial zu entwickeln. Wer sich ein Kultteil der Zukunft sichern will, ist im *Saus & Braus*-Kaufhaus für Design, mit 70 Schweizer Mode- und Designlabels, genau richtig (*Ankerstr. 14, Zürich, www.saus braus.ch*). Im Rahmen des Design- und Modewochenendes *Kreislauf 4 + 5* öffnen jedes Jahr im Mai in der Langstraße Geschäfte und Ateliers ihre Pforten. Dabei stellen sich die Kreativen den Fragen der Besucher (*Zürich, www.kreislauf4und5.ch*). Zukunftsweisende Produkte gibt es auch in Basels Offroad-Boutique *Riviera*. Hier können Designer monateweise Verkaufsflächen mieten (*Feldbergstr. 43, www.baslerriviera.com, Foto*).

SZENE

▶▶ OPEN KITCHEN

Transparent kochen

Bei ihren Banken geben sie sich geheimnisvoll, aber beim Kochen haben die Schweizer nichts zu verbergen. In einer verglasten Küche bereiten die Köche im *Ristorante al Porto* mediterrane Speisen zu. Spezialitäten sind Fisch und Fleisch vom Holzkohlegrill. Wird der Blick in die Küche langweilig, bietet sich dem Gast die Sicht auf den Hafen Lachen und den Oberen Zürichsee (*Hafenstr. 4, Lachen, www.alporto.com*). Offen geht es auch bei *Bonvivant* zu. In der ehemaligen Seidenbandfabrik gibt es keine Speisekarte, sondern nur ein einziges Menü pro Tag (*Zwingerstr. 10, Basel, www.bon-vivant.ch*, Foto). Mehr Wahlmöglichkeiten, nämlich sowohl Menü als auch À-la-Carte-Speisen, bietet die offene Küche des Restaurant *Luce* an (*Inseliquai 12, Luzern, www.radissonblu.de/hotel-lucerne*).

▶▶ LITERA-TOUR

Gute Neuigkeiten für Leseratten

Als Gegentrend zu Computerspielen und Co. erfährt die Schweiz einen wahren Bücher-Boom. Die besten regionalen Werke findet man auf dem Buch- und Literaturfestival in Basel im November (*www.literaturbasel. org*). Die Beziehung von Literatur zu Geschichte, Philosophie oder bildender Kunst wird im Rahmen des Thurgauer Projekts *Literatur trifft ...* thematisiert. Es findet alle zwei Jahre im Wechsel mit den *Frauenfelder Lyriktagen* im September statt (*www.kulturstiftung.ch*). Öffentliche Lesungen nehmen Buchneulingen die Scheu. Empfehlenswert sind die Lesungen im *Literaturhaus Basel*, denn dort wird Kultur mit Kulinarischem verbunden. Im *Literaturhaus Café* gibt es nicht nur Gespräche und Diskussionsrunden für den Geist, sondern auch Wein und Speisen für das leibliche Wohl (*Barfüssergasse 3, Basel, www.literaturhaus-basel.ch*). Lesungen und eine feine Auswahl an Gerichten findet man auch im *Casinotheater Winterthur* (*Stadthausstr. 119, www.casimnotheater.ch*, Foto)

▶▶ VELOLAND

Im Zeichen des E-Bikes

Der neue *E-Bike-Park* macht's möglich: Durchs Drei-Seen-Landund den Jura geht es nun mit Elektroantrieb – und dank flächendeckender Akku-Tauschstellen und Radverleih – ganz entspannt (*www.e-bike-park.ch*). E-Bikes leihen kann man auch bei *Flying Cycles* in Pontresina (*Cuntschett 1, www.flyingcycles.ch*) und bei *Activ-Sport Baselgia* (*Voa Sporz 19, Lenzerheide/Lai, www.activ-sport.ch*). E-Bike-Oase ist das Werk des Radherstellers *Flyer* in Huttwil. Hier kann das Elektrorad getestet und das Werk gegen Voranmeldung besichtigt werden (*Schwende 1, www.flyer.ch*, Foto).

▶▶ ST. GALLEN

Avantgarde auf der Alm

Moderne Kunst und Avantgarde-Architektur sind nicht allein den Metropolen vorbehalten. Die *Kunst Halle St. Gallen* gehört zu den spannendsten Museen für Gegenwartskunst (*Davidstr. 40, www.k9000.ch*). Die *Stadtlounge* der Künstler Pipilotti Rist und Carlos Martinez verwandelt u. a. durch einen riesigen roten Teppich einen öffentlichen Platz in das größte Wohnzimmer der Schweiz (*Schreinerstr. 6, www.stadtlounge.ch*). Avantgarde pur gibt es in der Galerie *Christian Roellin*. Gegenwartskunst bildet einen Kontrast zu den historischen Räumen (*Talhofstr. 11, www.christianroellin.com*, Foto).

▶▶ NEUE STADTTEILE

Unterhaltungsindustrie

Wo früher schwer gearbeitet wurde, wird heute höchstens schwer gefeiert und das Leben genossen. *Sihlcity* war früher eine Zürcher Papierfabrik, heute kann man in den Hallen einkaufen, sich in Spas erholen und Kultur genießen (*Kalanderplatz 1, www.sihlcity.ch*, Foto). Ein ganz neues Leben können Winterthurer im *Sulzerareal* beginnen. Wo früher Turbinen und Dieselmotoren liefen, entsteht ein Stadtteil mit Raum für Arbeit, Leben, Geschäfte und Kultur (*www.sulzerareal.com*). Ähnliche Pläne werden auch in dem ehemaligen Industriegelände *Selve* in Thun im Berner Oberland umgesetzt. Wo zuerst Nachtclubs zu Hause waren, entsteht nun ein komplett neuer Stadtteil (*www.thun.ch*).

▶▶ WASSERSPASS

Ritt auf den Wellen

Lässig am Ufer vorbeirasen, die Schanze nehmen und elegant auf der Welle reiten: Wasserski und Wakebording sind auf den Schweizer Seen Trendsport Nummer eins. Die beeindruckendsten Stunts lernt man bei *Alphasurf* in Estavayer-le-Lac. Auf dem Neuenburgersee ist der einzige Wasserskilift des Landes in Betrieb *(Rue du four 32, www.alpha surf.ch)*. Übers Wasser brettern lässt sich auch bei Städtereisen nach Luzern, Interlaken oder Zürich. Gruppen- und Privatkurse mit Alpenpanorama bietet das *Wassersportzentrum Tiefenbrunnen* am Zürichsee an *(Bellerivestr. 264, www.wakeandski.ch)*.

▶▶ SCHÖNER SCHLAFEN

Traumhafte Unterkünfte

Der Urlaub ist eigentlich viel zu kurz zum Schlafen. Da muss die Nachtruhe schon ein Abenteuer bieten. Trotz Kälte bekommen Gäste in den Iglu-Dörfern von Zermatt, Klosters, Engelberg und Gstaad kein eiskaltes Händchen. Ausgestattet mit Fellen und Whirlpool oder Sauna, kommt Romantik pur auf *(www.iglu-dorf.com, Foto)*. Lust auf Design? Dann ab in den Würfel! Das Hotel *Cube Savognin* lockt Sportler in die Schweizer Alpen *(Talstation Savognin Bergbahnen, Savognin, www.cube-hotels.com)*. Meditation, Gebet und schließlich innerer Friede – im Kapuzinerkloster *Rapperswil* taucht man ins klösterliche Leben ein. Um sich zurechtzufinden, bekommt jeder Gast eine Schwester bzw. einen Bruder an die Seite gestellt *(Endingerstr. 9, Rapperswil, www.klosterrapperswil.ch)*.

> VON ALPABTRIEB BIS WELT-LITERATUR

Was Sie zur Schweiz wissen sollten, um Land und Leute besser zu verstehen

ALPAUFZUG UND -ABTRIEB

In der Schweiz findet sich noch unverfälschtes Brauchtum, z. B. die Alpaufzüge und -abtriebe im Juni und September im Appenzeller Land und im Berner Oberland, aber auch in den Fribourger Alpen. Der für die Qualität der Milchprodukte und des Fleisches wichtige Aufenthalt auf der Alp wird

an seinem Anfang und Ende gefeiert. Dies umso mehr, als der sommerliche Aufenthalt auch für viele Bauern und ihre Familien immer noch etwas Besonderes darstellt.

BAHNLAND

Die Schweiz verfügt über eines der dichtesten Bahnnetze der Welt. Täglich bieten die Schweizerischen Bundesbahnen (SBB) rund 4000 Reise-

Bild: Rote Bergbahn am Berninapass

STICH WORTE

züge oder 248 000 Zugkilometer an. In der Schweiz gibt es zudem 1821 Bergbahnen: 12 Zahnrad-, 59 Standseil-, 214 Pendel-, 124 Gondel- und 307 Sesselbahnen sowie 1104 Skilifte. Auf einer Streckenlänge von gut 1950 km überwinden diese Bahnen eine Höhendifferenz von ca. 600 km. Alles Wissenswerte über Preise und Fahrpläne, Strecken und Sonderangebote erfahren Sie unter der Website *www.sbb.ch.*

BERG-EXPRESS

Wann immer die schönsten Zugfahrten der Welt aufgezählt werden, gehört der Glacier-Express dazu. Für die 270 km von Zermatt über Brig, Andermatt, Chur nach Davos oder St. Moritz braucht der schleichende Express mehr als 7,5 Stunden. Dafür bekommt man aber, besonders im Winter, einzigartige Bilder zu sehen. Bei der Fahrt überwindet der Zug

2500 Höhenmeter, von denen er einige Steigungen nur mithilfe von Zahnrädern nehmen kann. Auf der Strecke liegen 291 Brücken und 91 Tunnel, hinter denen sich immer wieder neue Landschaften auftun. Der Glacier-Express verkehrt zweimal täglich (Mitte Dez. bis Mitte Mai einmal täglich). Die Preise liegen zwischen 30 und 150 Euro. Informationen unter: *www.glacierexpress.ch*. Plätze reservieren können Sie auch direkt bei *Matterhorn Gotthard Bahn | Nordstr. 20 | 3900 Brig | Tel. 02 79 27 77 77*. Für den Speisewagen, der zum Rundumerlebnis einfach dazugehört, ist eine gesonderte Reservierung nötig bei *Railgourmino swissalps AG | Tel. 08 13 00 15 15 | www.rgswissalps.ch*.

Wem das noch nicht reicht, der reist von Chur aus mit der Rhätischen Bahn über die berühmte Albulastrecke ins Engadin. Weiter geht die Reise von St. Moritz bzw. Pontresina aus mit dem bahntechnisch eindrucksvollen Bernina-Express über den gleichnamigen, 2200 m hohen Pass, durch das reizvolle Poschiavo-Tal über diverse Kunstbauten bis hinunter ins nur noch 438 m hoch gelegene Tirano im italienischen Veltlin. Alles über die „kleine Rote", wie die Rhätische Bahn liebevoll genannt wird, finden Sie unter *www.rhb.ch*.

BERNHARDINER

Das Hospiz der Augustiner Chorherren auf dem Großen Sankt Bernhard ist die Heimat des berühmtesten Hundes der Alpen: des Bernhardiners. Ursprünglich gezüchtet, um Lawinenopfer aufzuspüren, sind diese Hunde heute dafür viel zu schwer und werden nicht mehr zur Verschüttetensuche eingesetzt. Der berühmteste Bernhardiner hieß übrigens Barry. Er starb 1814 und ist heute im Berner Naturhistorischen Museum ausgestellt. Barry soll mehr als 40 Menschen das Leben gerettet haben.

Erst mit einer schönen Lederschnalle wird die Kuhglocke zum echten Prachtexemplar

STICHWORTE

BIRCHERMÜESLI

Benannt ist diese Köstlichkeit, die in Zeiten gesundheitsbewussten Essens ihren Siegeszug weit über die Schweizer Grenzen angetreten hat, nach dem Schweizer Arzt und Ernährungsreformer Maximilian Oskar Bircher-Benner (1867–1939). Er wollte gesunde Ernährung und gutes Essen miteinander verbinden. Sein klassisches *Mus*, das sehr luftig ist, geht so: Haferflocken werden 20 Minuten in Milch eingeweicht und – nach Geschmack – mit Joghurt angereichert. Anschließend werden geriebene Haselnüsse, gehackte Walnusskerne, ein geriebener Apfel und frische Saisonfrüchte wie Erdbeeren, Himbeeren, Zwetschgen oder Aprikosen untergehoben. Das Wort Müesli ist die Verkleinerungsform des schweizerdeutschen Mus.

HEIDI

Das herzige, kraushaarige Kind Heidi wurde zum Markenzeichen der Schweizer Alpenwelt. Gelungen ist dies einer Frau mit nur zwei Büchern: Die Zürcher Stadtschreibersgemahlin Johanna Spyri schrieb 1880 im Alter von 53 Jahren nacheinander die beiden Bücher „Heidis Lehr- und Wanderjahre" und „Heidi kann brauchen, was es gelernt hat". Für die damalige Zeit wurden die Bücher quasi über Nacht Bestseller und kamen – was bis heute noch eine kleine Sensation ist – übersetzt aus dem Deutschsprachigen auf den amerikanischen Markt. Die inzwischen weltweit bekannten Kinderbücher wurden mehrfach verfilmt.

HELVETIA

Diese weibliche Repräsentationsfigur der Schweiz ist auf der Vorderseite eines „Zweifränklers" (Zweifrankenstück), des „Einfränklers" (Einfrankenstück) und der Fünfzigrappen-Münze abgebildet. Sie findet sich ebenfalls auf Briefmarken und dem „Goldvreneli" (Goldmünze) und ist ein beliebtes Denkmal- und Postkartenmotiv. Helvetia ist keine reale Figur, sondern eine allegorische Frauenfigur, die erstmals im 17. Jh. auftauchte. Im 19. Jh. – in der heißen Gründungsphase des Schweizerischen Bundesstaates – hatte sie eine wichtige, identitätsstiftende Funktion. Das schönste Helvetia-Denkmal befindet sich in Basel. Dort sitzt die Skulptur „Helvetia auf der Reise" der Basler Bildhauerin Bettina Eichin nachdenklich rheinabwärts blickend auf einem Brückenkopf der Mittleren Rheinbrücke, neben ihr liegen Mantel, Schild, Speer und Koffer.

KUHGLOCKEN

Sie gehören zur Schweiz wie der Käse. Man hört sie überall und – was mancher als störend empfindet – auch frühmorgens durch das geschlossene Fenster eines hoch gelegenen Hotels. Dabei hat die Eidgenossenschaft höchstrichterlich entschieden, dass Kuhglockengeläut nicht als gesundheitsschädlich einzustufen ist. Ein genervter Waadtländer hatte die Klage beim obersten Gerichtshof angestrengt. Die Richter empfehlen lediglich, den Kühen Glocken bis maximal Größe acht umzubinden. Immerhin, es gibt auch doppelt so große.

KUNST

Zu den berümtesten Schweizer Künstlern zählt der Zürcher Maler Johann Heinrich Füssli (1741–1825). Viele seiner Werke sind im Zürcher Kunsthaus zu sehen. Weitere große Namen: Die Appenzeller Malerin und Plastikerin Sophie Täuber-Arp (1889 bis 1943) war eine Vertreterin der konstruktiven Kunst und eine führen- künstler Jean „Jeannot" Tinguely (1925–1991) in Basel erhalten. Aber auch sein Heimatkanton ehrte ihn posthum mit einem Museum in der Stadt Freiburg (Fribourg). Gegenwär- tig zählen die Sankt Galler Video- künstlerin Pipilotti Rist, der Appen- zeller Bildhauer und Aktionskünstler Roman Signer und das Künstlerduo Fischli/Weiss zu den Topstars der internationalen Kunstszene.

Stolze Alpenbewohner: Felsenhänge sind die Heimat der wendigen Steinböcke

de Figur in der Dada-Bewegung. Der Bergeller Bildhauer Alberto Giaco- metti (1901–1966) wurde mit seinen überlangen, dünnen Köpfen, Büsten und Figuren bekannt. Die Basler Künstlerin und Lyrikerin Meret Op- penheim (1913–1985) wurde mit ih- rer Pelztasse „Déjeuner en fourrure" weltberühmt. Für die Stadt Bern hat sie kurz vor ihrem Tod einen um- strittenen Brunnen geschaffen, der heute auf dem Waisenhausplatz steht. Ein eigenes Museum hat der Frei- burger Bildhauer, Maler und Aktions-

PFLANZEN- UND TIERWELT

Die Schweiz ist Natur pur. Auf engem Raum gibt es hier einen Artenreich- tum wie selten in Mitteleuropa. Die Pflanzenwelt teilt man in fünf Vege- tationsstufen ein: Bis zu einer Höhe von 600 m gedeihen Nutzpflanzen. Der Mischwald, den man auch Berg- wald nennt, besteht bis in eine Höhe von 1200 m vornehmlich aus Buchen, Föhren und Tannen. Steigt man noch höher, bis ca. 2000 m, beginnt der Lärchenwald. Darüber fängt die Mattenzone mit vereinzeltem Buschwerk und Krüppelkiefern an. Über 2500 m breitet sich die Zone des ewigen Schnees aus. Auf den Almweiden gedeihen im Sommer Blumen wie Alpenanemone, Alpenrose, Eisenhut, Enzian und Männertreu. Noch höher ist das streng geschützte, genügsame Edelweiß zu finden.

Auch die Tierwelt ist vielfältig. Die meisten Arten stehen unter Schutz. In den alpinen Zonen findet man Adler, Bergdohlen, Murmeltiere, Luchse, Gemsen und Steinböcke, in den Wäldern Damwild, Füchse, Hasen und Wildschweine, aber auch so seltene Tiere wie die Aspisviper, den Biber, den Feuersalamander und die Zauneidechse. Zu den heimischen Vögeln zählen Distelfink, Eisvogel, Eule, Kauz und sogar der Bartgeier. Die vielen Seen sind bevölkert von Wasserspinnen und -zikaden, Kröten, Molchen und Libellen. In den großen Seen schwimmen reichlich Fische, vor allem Egli, Felchen, Forellen und Hechte. Angeln ist erlaubt und sogar gebührenfrei. Einzelheiten über Fischgewässer: *www.fischerportal.ch | www.umwelt-schweiz.chbuwal/de*

WELTLITERATUR

Zu den berühmtesten Schriftstellern der Schweiz gehören Friedrich Dürrenmatt und Max Frisch. Dürrenmatt, 1921 in Konolfingen im Emmental geboren und 1990 in Neuenburg gestorben, wurde weltbekannt mit Theaterstücken wie „Der Besuch der alten Dame" und „Die Physiker". Ebenfalls zu den Klassikern zählt Max Frisch aus Zürich (1911–91). Seine Theaterstücke wie „Andorra" sowie seine Romane „Stiller" und „Homo Faber" wurden internationale Erfolge.

> DAS KLIMA IM BLICK

Handeln statt reden

Reisen bereichert und verbindet Menschen und Kulturen. Jedoch: Wer reist, erzeugt auch CO_2. Dabei trägt der Flugverkehr mit bis zu 10% zur globalen Erwärmung bei. Wer das Klima schützen will, sollte sich somit nach Möglichkeit für die schonendere Reiseform (wie z.B. die Bahn) entscheiden. Wenn keine Alternative zum Fliegen besteht, so kann man mit *atmosfair* handeln und klimafördernde Projekte unterstützen.

atmosfair ist eine gemeinnützige Klimaschutzorganisation.

Die Idee: Flugpassagiere spenden einen kilometerabhängigen Beitrag für die von ihnen verursachten Emissionen und finanzieren damit Projekte in Entwicklungsländern, die dort helfen, den Ausstoß von Klimagasen zu verringern. Dazu berechnet man mit dem Emissionsrechner auf *www.atmosfair.de* wie viel CO_2 der Flug produziert und was es kostet, eine vergleichbare Menge Klimagase einzusparen (z.B. Berlin–London–Berlin: ca. 13 Euro). *atmosfair* garantiert, unter der Schirmherrschaft von Klaus Töpfer, die sorgfältige Verwendung Ihres Beitrags. Auch der MairDumont Verlag fliegt mit *atmosfair*.

Unterstützen auch Sie den Klimaschutz: *www.atmosfair.de*

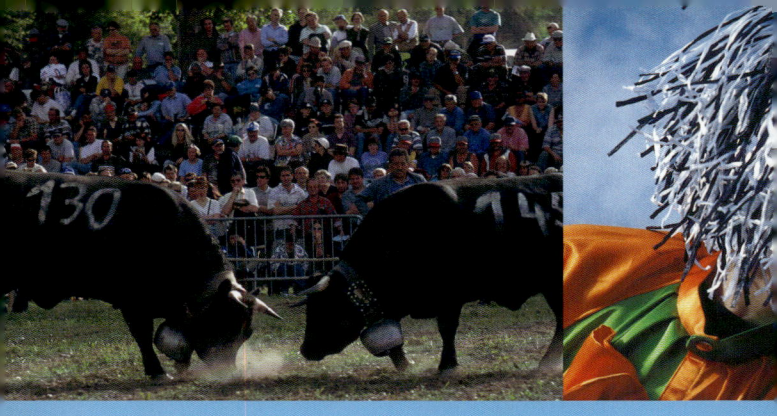

DER SCHWEIZER FEIERT URIG

Wenn die Mädchen beim berühmten Knabenschießen mitmachen und im Wallis die Kühe kämpfen

> **>** Es ist Revolutionäres zu melden: Seit 1991, dem Jubiläum 700 Jahre Schweiz, dürfen beim weithin berühmten Zürcher „Knabenschießen" auch Mädchen teilnehmen. 335 Jahre lang mussten sie auf diese Gleichstellung beim großen Volksfest warten. Ganz früher einmal – Tell grüßt! – wurden die Schützenkönige hier mit der Armbrust ermittelt, dann mit Büchsen und seit 1962 mit einem Sturmgewehr.

◼ FEIERTAGE

1. Jan.: *Neujahrstag;* **Karfreitag; Ostermontag; 1. Mai:** *Tag der Arbeit;* **Auffahrt:** Christi Himmelfahrt; **Pfingstmontag; 1. Aug.:** *Nationalfeiertag;* **25./26. Dez.:** *Weihnachten*
Katholische Feiertage wie Fronleichnam, Allerheiligen oder Berchtoldstag (2. Jan.) kommen in einigen Kantonen hinzu.

◼ FESTE/LOKALE VERANSTALTUNGEN

Januar
Urnäscher Silvesterchläuse: Etwas nach der Zeit, dafür kostümiert, feiern die Ap-

penzeller ihren Jahreswechsel am 13. Jan.
Vogel Gryff: Als Auftakt zur Fasnacht zeigen die Basler Zünfte ihre Tänze am 13., 20. oder 27. Jan.

Februar/März
Fasnacht: Hier wird noch Brauchtum gepflegt. Am schönsten genießt man die Fasnacht im Walliser Lötschental, in Luzern oder in Basel – die Stadt am Rheinknie wartet mit dem „Morgestraich" auf: Am Montag nach Aschermittwoch um 4 Uhr früh verwandelt sich die ganze Stadt in ein Getümmel von Masken, Pfeifen und Trommeln.
Chalandamarz: Mit Schellen und Peitschen verjagen die Engadiner am 1. März die Dämonen des Winters.
Engadiner Skimarathon: Am 2. Märzwochenende laufen gut 10000 Langläufer über die eisigen Oberengadiner Seen.

April
Zürcher Sechseläuten: Am ersten Montag nach dem 16. April treiben die Handwerkerzünfte den Winter aus.

Aktuelle Events weltweit auf www.marcopolo.de/events

> EVENTS
FESTE & MEHR

Mai

Kuhkämpfe: Ende Mai gehen in Aproz die „Kampfkühe" aufeinander los (bis Ende Juli auch in anderen Walliser Dörfern).

Juli

Literaturfestival Würfel Komma Dampf: inmitten steiler Berge in Leukerbad.

August

Streetparade Zürich: Techno-Party mit 500000 Ravern *(www.streetparade.ch)*
Marché-Concours: Nationales Pferdefest in Saignelégier im Jura.

September

Knabenschießen: Größtes Zürcher Volksfest in der ersten Septemberwoche

Oktober

Olma: Ostschweizer Land- und Milchwirtschaftsausstellung in St. Gallen.

November

Zibelemärit: Am 4. Montag ist „tout Bern" morgens auf dem Zwiebelmarkt.

■ FESTIVALS ■

April ▶▶

Fumetto: Einwöchiges Comic-Festival in Luzern *(www.fumetto.ch)*

Mai

Literaturtage: Das bedeutendste Schweizer Festival für Literatur findet in Solothurn statt *(www.literatur.ch)*.

Juli

Jazzfestival: In Montreux treten internationale Jazz- und Popmusikgrößen auf.
Paléo-Festival: In Nyon am Genfer See spielen Rockstars; größtes Open-Air-Festival der Schweiz.

August

Filmfestival Locarno: International hoch angesehene Filmtage.

September

Jazzfestival Willisau Im Luzerner Hinterland treffen sich illustre Jazzer.

Lucerne Festival: Klassikfestival in Luzern, weltweit gerühmt.

> WÄHRSCHAFT UND GLUSCHTIG

Wer gerne isst, ist in der Schweiz gut aufgehoben.
Fondue, Raclette und Rösti sind beileibe nicht alles

> **Wie bereits in den umliegenden Ländern gang und gäbe, wurde 2008 auch in der Schweiz ein „Inventar des kulinarischen Erbes" mit 400 traditionellen Produkten erstellt.**
Im Herzen Europas gelegen, ist durch das Zusammentreffen verschiedener Kulturen eine beeindruckende kulinarische Vielfalt entstanden. In den Basler Küchen ist der Einfluss des Elsass spürbar, in Bern die französische Küche. Zwiebelsuppe und Zwiebelkuchen wie auch der alljährlich stattfindende *Zibelemärit* sind aus Bern heute nicht mehr wegzudenken. Im Osten des Landes führten lange Zeit die Mönche das Zepter und bestimmten auch die Landwirtschaft. Die ausgedehnten Obstkulturen sind ihr Vermächtnis. Der beste Most kommt aus dem Ostschweizer Kanton Thurgau, der darum im Rest der Schweiz auch gerne als „Mostindien" bezeichnet wird.

Bild: Gornergrat mit Blick aufs Matterhorn

ESSEN & TRINKEN

Im Tessin und den Bündner Südtälern war die Armut vor 100 Jahren so groß, dass sich die Bevölkerung vor allem von Kastanien ernährte. Lange Zeit waren Gerichte aus Kastanien und Kastanienmehl verpönt, weil sie an die vergangene Armut erinnerten, heute werden die Kastanienwälder wieder gepflegt und gilt eine *torta di castagne* als Delikatesse.

Schweizer mögen „währschaftes" (nahrhaftes) Essen: Es muss den Magen füllen, einfach in der Zubereitung sein und darf nicht allzu viel kosten. Zum *Z'Nüni* (Neun-Uhr-Pause) beispielsweise eine heiße oder kalte „Ovi" (Ovomaltine), zum *Z'Mittag* (Mittagessen) eine Rösti mit Bratwurst oder Älpler *Maggronen* (Makkaroni) mit Apfelmus. Sehr beliebt in der ganzen Schweiz sind nach einer Wanderung oder dem Sonntagsspaziergang *Z'Vieri-Plättli* (Vier-Uhr-Teller) oder ein Wurst- oder *Thon-*

salat (Thunfischsalat) mit einer Unmenge Zwiebeln. Am besten schmecken die *Z'Vieri-Plättli* in einer der vielen Berg- oder Ausflugsgaststätten. Käse (meist Greyerzer, Emmentaler, Appenzeller, Hobelkäse oder ein Alpkäse), Trockenfleisch, Speck und Butter werden auf einem Holzteller zusammen mit Brot serviert. „Gluschtig" oder „aamächelig" (verlockend) muss der Teller schon aussehen, und das Brot sollte „chüschtig" (schmackhaft) sein. Dazu trinkt man Most, Rivella – das Schweizer Nationalgetränk aus Molke – oder ein Glas Wein aus der Region.

Das Angebot an Schweizer Weinen, die man in „Dezi" (0,1 l) bestellt (ein, drei oder fünf Dezi), ist groß. Im Kanton Wallis, dem größten Wein-

> SPEZIALITÄTEN

Genießen Sie die typisch Schweizer Küche!

Alphüttensuppe – Schwere Gemüsesuppe aus Fribourg mit Makkaroni, Rahm und geriebenem Käse.

Busecca – Die Suppe mit Kutteln ist eine Tessiner Spezialität.

Chügelipastete – Der Name dieser im Ofen gebackenen Pastete stammt von den Kalbfleischkügelchen, mit denen sie gefüllt wird.

Gitzichüechli – In Mehlteig gebackene Filetstücke vom Ziegenkitz, die es im Appenzeller Land an hohen Feiertagen gibt.

Käsefondue – Die Käsesorten und Weißweinbeigaben variieren je nach Region. Der flüssige Käse köchelt auf einem Rechaud, in den Käsesud werden Gabeln mit Weißbrotbrocken getunkt.

Märitsuppe – Die deftige Berner Suppe wird mit Erbsen, Kartoffeln und *Gnagi*, gepökelter Schweinshaxe, zubereitet.

Olma-Bratwurst – Die berühmte Bratwurst aus St. Gallen wird auf Holzkohle gegrillt und mit einem *Bürli*, einer knackigen Semmel, gegessen.

Papet vaudois – In Schweineschmalz gedünstetes Kartoffel-Lauch-Gemüse, zu dem es die fette Waadtlander *Saucisson* (Räucherwurst vom Schwein) gibt.

Pizzocheri – Bündner Nudeln aus Buchweizenmehl in Salzwasser gekocht und mit Wirsing vermischt serviert.

Rösti – klassische Beilage der Berner Küche. Grob geraspelte Kartoffeln werden dafür mit Speck gebraten.

Verzada-Cassola – Bündner Siedfleischeintopf mit Weißkohl.

Zigerhörnli – Teigteilchen, die mit Schabziger überbacken werden, einem mit Kräutern hergestellten Magermilchkäse aus Glarus.

Züri Gschnätzlets – Klassiker der gutbürgerlichen Schweizer Küche: geschnetzeltes Kalbfleisch in einer Weißwein-Rahmsauce. Dazu isst man Rösti (Foto) oder *Nüdeli*.

ßen Rebsorten Petite Arvine, Fendant (Chasselas) und Johannisberg (Müller-Thurgau) angebaut. Ein bekannter Walliser Rotwein ist auch der Humagne Rouge. Das Waadtland liefert Féchy, Vinzel und Dézaley (Weißweine), Salvagnin und Pinot Noir (Rotweine). Vom Neuenburgersee kommen Pinot Blanc (weiß) und Œil de Perdrix (Rosé), vom Genfer See Gamey (rot). Das Tessin hat eine über hundertjährige Merlot-Tradition (rot und weiß).

Einen Sonderstatus als Hauptgerichte nehmen *Käsefondue* und *Raclette* ein. Oft ist das gesellige Beisammensein dabei wichtiger als das Essen selbst. Für ein gutes Fondue werden mindestens zwei verschiedene Sorten Käse, Knoblauch und Weißwein benötigt. Das *caquelon*, wie die bauchige Fonduepfanne heißt, wird auf dem Rechaud mitten auf den Tisch gestellt. Mit einer Gabel taucht man die Brotstücke in die heiße Käsesuppe. Achtung: Wer ein Brotstück verliert, muss etwas spendieren! Das bekannteste Fondue in der Schweiz ist das *moitié-moitié* (halb Greyerzer, halb Vacherin).

Einfacher in der Zubereitung ist das *Raclette*. Der Raclettekäse aus dem Wallis wird mithilfe eines Tischgrills geschmolzen und dann Schicht für Schicht abgeschabt. Dazu werden Pellkartoffeln, Salzgurken und Silberzwiebeln gereicht. Zu Fondue und Raclette trinkt man spritzigen Weißwein oder schwarzen Tee. Ein Gläschen Kirsch nach den beiden Käsegerichten hilft beim Verdauen.

Wer Desserts mag, ist in der Schweiz richtig. Torten gibt es in

Gut essen: in der Zuger Altstadt beim Zytturm

allen Variationen, Teig-, Frucht- und Nussmischungen. Weltberühmt sind die *Engadiner Nusstorte*, die *Rüeblitorte* aus geriebenen Karotten, Haselnüssen, Eiern, Zimt und Zucker sowie die *Zuger Kirschtorte* aus Buttercreme, Biskuit und einem Japonaisboden von geschlagenem Eiweiß.

Wer nach dem Essen einen Digestif braucht, bestellt ein *Zuger Kirschwasser*, das besonders weich ist, wenn es wenigstens zwölf Jahre gelagert wird, ordert *Pflümli* oder *Pruneau* (Zwetschgenwasser), *Abricotine* (Aprikosensschnaps) oder *Eau-de-vie de Pommes*, einen Klaren vom Gravensteiner Apfel. Eine besondere Spezialität ist *Kafi fertig* oder *Kafi Lutz*: heißer, dünner Kaffee mit viel Zucker und viel Kirsch-, Pflümli-, Zwetschgen- oder Kräuterschnaps.

MEHR ALS NUR KUHGLOCKEN

Andenken und Mitbringsel: von witzig über kitschig bis zum hochwertigen Schweizer Handwerk

> Wer gerne einkauft, kommt in der Schweiz nicht zu kurz. „Lädele" (einen Einkaufsbummel machen) gehört nämlich zu den Lieblingsbeschäftigungen der Schweizer. Die Vielfalt an Einkaufsmöglichkeiten ist groß. Wer es gerne billig hat und über jede Menge Zeit verfügt, stöbert in einem Brockenhaus, einem „Brocki" oder einer Brockenstube (in der Westschweiz nennt man sie *brocante*). In diesen Läden, die gebrauchte Güter verkaufen, können Sie leicht das eine oder andere Schnäppchen machen.

Gleiches gilt für die zahlreichen Flohmärkte, die von Frühling bis Herbst in vielen Orten und meistens an den Wochenenden stattfinden. Es kann witzig sein, ein kitschiges Andenken aus einem der vielen Souvenirläden der Schweiz mit nach Hause zu bringen, zum Beispiel eine Armbrust aus Plastik, einen pfeildurchbohrten Holzapfel, ein Edelweiß, eine Schweizer Kuh oder ein *Sennenchäppli* (eine Sennenmütze). Die Schweizer selbst bevorzugen hochwertiges Handwerk in ansprechender Form.

■ KUNSTHANDWERK ■

Für beste Qualität steht das *Schweizer Heimatwerk.* Die 1930 gegründete Verkaufsorganisation mit dem etwas verstaubten Namen vertreibt zeitgenössisches Kunsthandwerk von hoher Funktionalität und schönem Design. In Zürich, Basel und Genf werden in insgesamt sechs Verkaufsstellen u.a. auch Klassiker wie Kuckucksuhren, Glocken, Appenzeller Gürtel und Hundehalsbänder, aber auch Kinderspielzeug aus Holz, geschnitzte Kühe, Fonduesets, Sankt Galler Spitzen, Wohnaccessoires und Musikspieldosen angeboten. *www.heimatwerk.ch*

Inside Tip

■ SCHOKOLADE ■

Zum Schweizbesuch gehört in jedem Fall die *Schoggi*: 2008 wurden im Land 95514 Tonnen Schokolade verkauft! Die Süßigkeit gibt es in unterschiedlichen Formen: etwa als Pralinen, Tafeln oder Stängel (*Prügeli*). Einige Schokofabriken können Sie auch besuchen. Beispielsweise Maestrani in Flawil *(www.schoggi-land.ch)*, Cailler in Broc *(www.cailler.ch)*

> EINKAUFEN

oder Camille Bloch in Courtelary *(www. camillebloch.ch, nur auf schriftliche Anfrage).*

KÄSE

Der Tête de Moine ist ein würziger Halbhartkäse und wird mit der Girolle zum großartigen Mitbringsel. Die Girolle ist eine Art Kurbel, auf die der Käse gesteckt wird – sie schabt den köstlichen Tête in hauchdünne Scheiben, die tatsächlich wie ein Pfifferling aussehen *(girolle* bedeutet Pfifferling). Die Delikatesse samt Girolle-Schaber können Sie in vielen Käsereien und Warenhäusern kaufen oder per Internet bestellen: *www.lagirolle.ch.*

SCHWEIZER MESSER

Wenn Sie noch keines besitzen, sollten Sie unbedingt eines kaufen. Die Sackmesser mit dem weißen Kreuz gehören zu den besten und praktischsten Begleitern im Leben. Sie rosten nie und bleiben messerscharf. Es gibt sie in allen Variationen und Preisklassen.

UHREN

Für eine gute mechanische Uhr bezahlen Sie rund 2000 Euro – nach oben sind die Preise offen. Kaufen Sie sie unbedingt in einem Fachgeschäft, denn eine mechanische Uhr ist Vertrauenssache. Ein sehr schöner Designklassiker, der sich weltweit in vielen wichtigen Museen findet, ist die offizielle SBB-Railwatch. Sie können sie in den größeren Bahnhöfen und in vielen Warenhäusern kaufen *(www. mondaine.ch).*

MUSIKAUTOMAT

Ein besonderes, allerdings hochpreisiges Mitbringsel sind die Musikautomaten. Im Jura, vor allem in Sainte-Croix oberhalb des Neuenburgersees, hat sich im 19. Jh. aus dem Uhrenhandwerk eine blühende Tradition der Musikautomatenherstellung entwickelt, die bis heute Spezialanfertigungen hervorbringt. Toll für Liebhaber und Einsteiger sind auch das Museum C.I.M.A in Sainte-Croix *(Tel. 0244544477)* und das Musée Baud in L'Auberson *(www.museebaud.ch)*

> VOM BERNER OBERLAND BIS AN DIE GRENZE FRANKREICHS

Von hier aus kann man viel erreichen – hohe Berge, tiefe Seen und ein Tal, das in aller Welt für seinen Käse bekannt ist

> Die Mitte der Schweiz ist Bern nicht. Und doch sind die Stadt und ihr weit gefasstes Umland, das für diesen Reiseführer vom Berner Oberland bis an die französische Grenze gerechnet wird, so etwas wie der Mittelpunkt des Landes.

Hier laufen, touristisch wie politisch, die Fäden zusammen. Schließlich befindet sich hier mit Bern die Hauptstadt des Landes. Mehr Informationen finden Sie dazu im MARCO POLO Band „Bern/Berner Oberland".

Bild: Brienzer See

BERN

 KARTE AUF SEITE 136/137

[125 D5] Manchmal leidet Bern. Dann nämlich, wenn ein Ausländer zu sehr vom Glanz Zürichs, vom grandiosen Luzern und von der Weltläufigkeit Genfs schwärmt. Doch das Leiden währt nicht allzu lange. Denn die Berner sind stolz, in ihrer Stadt zu leben, die sie selbst nie als Großstadt bezeichnen würden.

BERN
MITTELLAND
JURA

Dabei ist sie es selbstverständlich – mit ihren zahlreichen Möglichkeiten. Bleiben wir beim Buchstaben B: Bern ist Bundeshauptstadt (127000 Ew.); Bern ist darüber hinaus auch Bummelstadt zum Einkaufen, Bärenstadt wegen des Bären als Wahrzeichen und Brunnen- sowie Brückenstadt. Bern ist mit den vielen Geranien außerdem eine Blumenstadt sowie eine Bohemestadt der Künstler und Studenten. Es heißt auch, dass die Menschen in Bern in ihrem Kopf, dem „Bärner Gring", noch schweizerischer, Spötter sagen langsamer, sind als andere Schweizer. Das stört die Menschen der Hauptstadt nicht, die auf ihre gut erhaltene Altstadt stolz sein können. Hinzu kommt, dass man von fast jedem Punkt der Stadt in kürzester Zeit an der von üppigem Grün umgebenen Aare ist, dem Fluss, der die Berner Altstadt in einer langen Schlaufe umfließt. Im Sommer lädt die Aare zu einem Flussbad ein. Und im **Lorrainebad**, das gleich neben dem Fluss mit Quellwasser gespeist wird, trifft man „tout Bern".

fassender Sanierung 1994–96 – nicht mehr tiergerecht war. Nun haben die Berner Bären Finn und Björk ein neues artgerechtes Zuhause am Hang

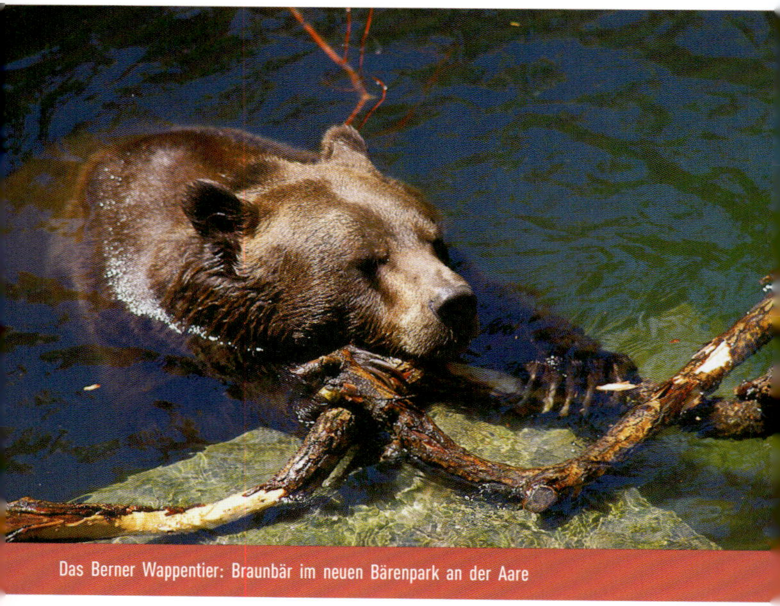

Das Berner Wappentier: Braunbär im neuen Bärenpark an der Aare

■ SEHENSWERTES ■

ALTSTADT ★

Die in einer Aareschlaufe auf drei Seiten eingeschlossene mittelalterliche Altstadt hat mit ihren blumengeschmückten Patrizierhäusern und Arkadengängen Aufnahme ins Unesco-Welterbe gefunden. Sehenswert sind auch die skurrilen Brunnen, ganz besonders der *Kindlifresserbrunnen*.

BÄRENPARK

Schon länger war klar, dass der alte Bärengraben aus dem Jahre 1857 am Ende der *Nydeggbrücke* – trotz um-

der Aare erhalten. Dort können Sie am Flussufer flanieren, picknicken, verweilen und dabei den Bären hinter den gläsernen Wänden zuschauen. Der neue Bärenpark befindet sich unterhalb des alten Grabens. Ein Weg führt von der Nydeggbrücke hinunter an die Aare. *Rund um die Uhr zugänglich* | *www.baerenpark-bern.ch*

BUNDESHAUS

Nach einer umfassenden Renovierung erstrahlt das Bundeshaus wieder in neuem Glanz. Wenn das Parlament tagt, können Sie die Debatten von der Zuschauertribüne aus verfolgen. In der tagungsfreien Zeit gibt es Führungen durch das Bundeshaus *(Anmeldung einen Tag vorher unter Tel. 0313228522). Führungen Mo–Sa 9, 10, 11, 14, 15, 16 Uhr sowie zusätzlich Do 17, 18 und 19 Uhr, Gruppen Mo–Sa 9, 10, 15 und 16 Uhr | Bundesplatz*

DÄHLHÖLZLI

Den Tierpark, der über einen hinreißenden Kinderzoo (Tiere zum Anfassen) verfügt, erreichen Sie mit der *Buslinie 19. Tgl. 8–18.30, im Winter 9–17 Uhr | Tierparkweg 1*

EINSTEINMUSEUM

Der berühmteste Berner, Albert Einstein (1879–1955), schuf in seiner Heimatstadt die legendäre Formel $E=mc^2$. Innerhalb des Historischen Museums hat er nun eine eigene Schau erhalten. *Di–So 10–17 Uhr | Helvetiaplatz 5*

KÄFIGTURM

An der Ostseite des Bärenplatzes steht der Turm aus dem 17. Jh., in dem der Kanton Bern eine Infostelle mit Multivisionsschau unterhält. *Mo–Fr 8–18, Sa 10–16 Uhr*

KUNSTMUSEUM

In dem Ende des 19. Jhs. entstandenen Neorenaissance-Bau, der 1935 erweitert wurde, befindet sich eine schöne Sammlung bernischer Kunst vom 15. Jh. bis heute, u.a. mit Werken von Ferdinand Hodler, Paul Klee, Meret Oppenheim und Markus Raetz. *Di 10–21, Mi–So 10–17 Uhr | Hodlerstr. 12*

MÜNSTER

Sein 100 m hoher Turm überragt die Altstadt. Das Hauptportal gilt mit seinen reichen Verzierungen, die auch das Jüngste Gericht darstellen, als einzige gotische Pforte in der Schweiz. Von der hinteren Terrasse blickt man auf die Aare hinunter. *Münsterplatz 1*

SCHWEIZERISCHES ALPINES MUSEUM ★

Umfassender können Sie sich nicht über die Erschließung und den aktuellen Forschungsstand in den Alpen informieren. Hier wird nichts beschönigt – auch nicht die Gefahren, die

MARCO POLO HIGHLIGHTS

vom Alpinismus und vom Skitourismus ausgehen. *Mo 14–17.30, Di–So 10–17.30 Uhr | Helvetiaplatz 4*

ZENTRUM PAUL KLEE

Hier hat der in Münchenbuchsee bei Bern geborene Maler und Grafiker Paul Klee (1879–1940) ein eigenes Museum erhalten. Der italienische Stararchitekt Renzo Piano entwarf das wellenförmige Haus, das als Plattform für spartenübergreifende Kunstformen konzipiert ist. *Di–So 10–17 (Do bis 21) Uhr | Monument im Fruchtland 3 | www.zpk.org*

ZYTGLOGGE-TURM

Das Wahrzeichen Berns, ein häufig umgebautes ehemaliges Stadttor, sollten Sie vier Minuten vor der vollen Stunde besuchen. Denn dann setzt die astronomische Uhr mit ihrem Glockenspiel ein schönes Figurenspiel in Bewegung. *Kramgasse*

■ ESSEN & TRINKEN ■

Hier kommt sie her, die Berner Rösti, die man überall in der Schweiz als Beilage bekommt. Die Rösti isst man in Bern am liebsten mit einer deftigen Schweinsbratwurst. Wie überhaupt vieles, was in dieser Stadt aufgetischt wird, eher kräftige Kost ist: etwa der *Buurehamme*, ein hausgeräucherter Bauernschinken, die *Schweinsöhrli in Erbsensuppe* oder die *Berner Platte*, die üppige Sauerkraut-Schlachtplatte.

Es gibt nur noch wenige Lokale in der Stadt, die traditionelle Spezialitäten servieren. Im *Klötzlikeller (So geschl. | Gerechtigkeitsgasse 62 | Tel. 03 13 11 74 56 | €– €€)* erhalten Sie noch *Buurehamme* (Geräucherter

Bauernschinken) mit lauwarmen Kartoffelsalat und zum Dessert Emmentaler *Meringues* (Baisers) mit *Nidle* (Sahne).

DELLA CASA

Ohne Übertreibung kann dieses Lokal als eine Institution bezeichnet werden. Die Einrichtung ist rustikal und eher düster und lässt nicht vermuten, wie lecker hier die gutbürgerliche Küche schmeckt. *So geschl. | Schauplatzgasse 16 | Tel. 03 13 11 21 42 | €€– €€€*

FISCHERSTÜBLI

Restaurant und Bar befinden sich im verträumten Stadtviertel Matte. Bei schönem Wetter lockt der Sommergarten. Hervorragende Küche, guter Service. *Im Winter So geschl. | Gerbernngasse 41 | Tel. 03 13 11 53 67 | www.fischerstuebli.com | €€*

MARKTHALLE

Hier ist immer etwas los. In diesem beliebten Treffpunkt in der Nähe des Hauptbahnhofs gibt es auf zwei Etagen alles für das leibliche und sinnliche Wohl. *So geschl. | Bubenbergplatz 9E | €*

ZUM BLAUEN ENGEL ▶▶

Dieses Restaurant gehört nicht nur zu den charmantesten Lokalen in der Stadt, das Essen ist auch hervorragend. *So/Mo geschl. | Seidenweg 9b | Tel. 03 13 02 32 33 | €€*

■ EINKAUFEN ■

Wochenmärkte finden Di und Sa in der *Bundesgasse, Gurtengasse, Schauplatzgasse* und auf dem *Bundes-* sowie dem *Bärenplatz* statt.

Stilvollen Luxus bietet das Hotel Bellevue Palace in Bern

Jeden 1. Sa im Monat findet auf dem *Münsterplatz* der Handwerkermarkt und jeden 3. Sa im Monat ein Flohmarkt auf dem *Mühleplatz* statt. Die berühmten *Lauben* in der *Fußgängerzone* der Altstadt laden zum Bummeln ein.

■ ÜBERNACHTEN

Die Hotelsituation ist nicht immer einfach, da Bern ein reiches Kongressleben hat und wegen der Bundesverwaltung sowie des Diplomatischen Corps auch sonst viel Besuch bekommt. Eine Voranmeldung ist deshalb angebracht.

BELLEVUE PALACE

Das Luxushotel liegt ideal direkt neben dem Bundeshaus. Es hat ruhige Zimmer mit Blick auf die Aare und die Alpen. In der Nähe beginnt gleich die Einkaufszone der Altstadt. *130 Zi.* | *Kochergasse 3–5* | *Tel. 03 13 20 45 45* | *Fax 03 13 20 46 46* | *www.bellevue-palace.ch* | €€€

GOLDENER SCHLÜSSEL

Das traditionsreiche Hotel in der Fußgängerzone der Altstadt wurde 2008 komplett renoviert. *34 Zi.* | *Rathausgasse 72* | *Tel. 03 13 11 02 16* | *Fax 03 13 11 56 88* | *www.goldener-schluessel.ch* | €€

LANDHAUS

Einfaches, sehr schönes Hotel, das direkt an der Aare und in der Nähe des Bärenparks liegt. Im Sommer lockt die herrliche Gartenterrasse ins Freie. *Altenbergstr. 4–6* | *Tel. 03 13 31 41 66* | *Fax 03 13 32 69 04* | *www.landhausbern.ch* | €

JUGENDHERBERGE

Liegt unterhalb des Bundeshauses. *Weihergasse 4* | *Tel. 03 13 26 11 11* | *Fax 03 13 26 11 12* | *www.youthhostel.ch/bern* | €

■ AM ABEND

Obwohl Bern kaum als pulsierende Metropole zu bezeichnen ist, bietet die Hauptstadt doch einiges an Ausgehmöglichkeiten. Einen guten Überblick erhalten Sie auf der Website der Reitschule *www.reitschule.ch*.

DAMPFZENTRALE ▶▶ 🔊

Beliebt bei Jazzfreunden und Fans der Improvisationsmusik. Als vielseitiger Veranstaltungsort ist die Dampfzentrale aus Berns Nachtleben sowieso nicht mehr wegzudenken. *Marzilistr. 47 | Tel. 03 13 10 05 40 | www.dampfzentrale.ch*

REITHALLE

Das einst umstrittene Objekt der Besetzerszene hat sich als alternativer Treffpunkt für unterschiedliche Leute etabliert – ob auf ein Bier im Unter- oder auf eine Party im Dachgeschoss. *Neubrückstr. 8 | Tel. 03 13 06 69 69 | www.reitschule.ch*

■ AUSKUNFT ■

BERN TOURISMUS 🔊
Im Bahnhof | Tel. 03 13 28 12 12 | Fax 03 13 12 12 77 | www.berninfo.com

BERN-CARD

Mit der *Bern-Card* können Sie die städtischen Verkehrsmittel für einen, zwei oder drei Tage nutzen. Zudem berechtigt die Karte in vielen Museen zu freiem Eintritt. Erhältlich beim Tourismusbüro. *Preise: 20, 31 und 38 Franken (Ermäßigung für Kinder von 6–16 Jahren)*

■ ZIELE IN DER UMGEBUNG ■

AARESCHLUCHT [126 A6]

Bei Meiringen, auf dem Weg vom Brienzer See zum Grimselpass, verschließt eine natürliche Sperre das Tal. Die Aare hat diese jedoch mit einer 200 m tiefen und 1,4 km langen,

> BLOGS & PODCASTS

Gute Tagebücher und Files im Internet

> *www.blogwiese.ch* – Der Deutsche Jens Wiese lebt und arbeitet seit einigen Jahren in der Schweiz. Sein Blog ist eine gute Einführung in den Alpenstaat aus Sicht eines Zugezogenen.

> *www.ignoranz.ch* – „Gegen Ignoranz im Alltag": Hier stehen politische Fragen, Ansichten und Probleme zur und über die Schweiz im Zentrum.

> *www.unefilledulimmatquai.ch* – „Ein Mädchen vom Limmatquai" heißt dieser Blog übersetzt. Sein Inhalt: kurze Texte über Alltagsleben und Lebensfragen, sehr schön geschrieben, klare Grafik. Empfehlenswert.

> *http://rebell.tv* – Ein multimedialer Service mit Fernsehen, Blog und Podcast. Kulturelle Themen stehen im Zentrum dieses Podcasts.

> *www.hoerkolumnen.ch* – Texte von Schweizer Kolumnisten, gelesen von den Autoren und jede Woche frisch. Ansichten über die Schweiz aus (reiner) Männersicht. Sehr empfehlenswert sind die Texte von Hausmann Bänz Friedli.

> *www.drs.ch* – Das Schweizer Radio DRS stellt über 60 Sendungen als Podcast zur Verfügung – von der Info- bis zur Musiksendung.

Für den Inhalt der Blogs & Podcasts übernimmt die MARCO POLO Redaktion keine Verantwortung.

eindrucksvollen Schlucht durchbrochen. Von April bis November ist diese auf einem schmalen Holzsteg zugänglich und im Juli und August ab 21 Uhr sogar beleuchtet. *www.aare schlucht.ch*

BALLENBERG ⭐ [125 F6]

Auf dem Ballenberg, ein paar Kilometer östlich von Brienz am gleich-

Müßiggang am Bieler See

namigen See, ist auf einem weitläufigen Gelände das *Schweizerische Freilichtmuseum* entstanden. Häuser und Anwesen der verschiedenen Kantone sind hier nachgebaut, in denen – dem Prinzip eines „lebendigen" Museums folgend – Korbmacher und Töpferinnen, Bäcker und Weberinnen ih-

rem alten Handwerk nachgehen. Es gibt eine alte Schmiede, eine Käserei, einen Kohlenmeiler und einen historischen Frisiersalon. Eingänge befinden sich bei den Orten *Hofstetten* und *Brienzwiler. April–Okt. tgl. 10–17 Uhr | Tel. 03 39 52 10 30 | www.bal lenberg.ch*

BIEL (BIENNE) [124 C4]

Biel ist die größte zweisprachige Stadt der Schweiz. Fast die Hälfte der Bevölkerung spricht perfekt Französisch und Deutsch. In Biel, das einem malerischen See seinen Namen gibt, ist besonders die Altstadt einen Besuch wert. In ihrem Zentrum findet man den Ring, einen von mittelalterlichen Gebäuden umstandenen Platz. Und spätestens an der Ring-Ostecke, bei dem Treppengiebelbau des *Zunfthauses zu Waldleuten* aus dem 16. Jh., glaubt man, dass die Zeit stehen geblieben ist. Doch das täuscht. Denn Biel ist eine moderne Industrie- und Handelsstadt, in der beides möglich ist: Pflege der Traditionen und Geschäftigkeit der Gegenwart. Wie um dieses Miteinander zu belegen, haben die Bieler ihr 1961–1966 erbautes *Kongresshaus* zum Wahrzeichen erhoben. Es gibt eine große Auswahl an guten Gaststätten. Empfehlenswert ist die in einem schönen Park gelegene *Villa Lindenegg.* Im Bistro stehen regionale Spezialitäten auf der Speisekarte *(Mo geschl. | Lindenegg 5 | Tel. 03 23 22 94 66 | €€).* Das ▶▶ *St. Gervais (Untergasse 21 | Tel. 03 23 22 48 22 | €)* bietet neben gutem Essen auch kulturelle Veranstaltungen. Auskunft: *Tourismus Biel-Seeland | Zentralstr. 60 | Tel. 03 23 29 84 84 | www.biel-seeland.ch*

BERN

Gruyères prunkt gleich mit zwei Schlössern: Schloss Saint-Germain (links) und Schloss Greyerz

LA CHAUX-DE-FONDS ⭐ [124 B4]

Die Stadt im Neuenburger Jura hat den Ruf der Schweiz als Land der Uhrenmacher begründet. Sie ist die Wiege der Uhrmacherei schlechthin und gehört seit 2009 wegen ihrer Stadtlandschaft zum Unesco-Welterbe. Sehenswert ist das Uhrenmuseum: *Musée d'Horlogerie | Di–So 10–17 Uhr | Rue des Musées 29 | www. mih.ch*. Es zeigt mehr als 3000 Schaustücke und eine Multivisionsschau zur Geschichte der Uhrenfertigung. 1794 wurde die Stadt bei einem Großbrand zerstört und danach mit rechtwinkligem Straßensystem wieder aufgebaut. Sie ist auch Geburtsort des Autokonstrukteurs Chevrolet und des berühmten Architekten Le Corbusier. Das Tourismusbüro bietet verschiedene interessante Stadtwanderungen an. Danach sollten Sie unbedingt im schön eingerichteten *Café du Petit Paris* einkehren *(Rue du Progrès 4 | Tel. 03 29 68 68 68 | €€)*. Auskunft: *Office du Tourisme | Espacité 1 | Tel. 03 28 89 68 95 | www. chaux-de-fonds.ch*

EMMENTAL [125 D–E5]

Nur wenige Kilometer östlich von Bern lädt das verwunschene Emmental mit seinen waldigen Hügeln, vielen kleinen Tälern, Wiesen, Feldern und Bächen zu langen, erholsamen Wanderungen ein. Im Emmental wird der weltweit bekannte Käse mit den großen Löchern hergestellt – der Emmentaler. Der Dichter und Pfarrer Jeremias Gotthelf (1797–1854) hat das Bild des Emmentals bei Generationen von Schweizern und Schweizerinnen durch seine Romane „Uli der Knecht" und „Uli der Pächter"

> **www.marcopolo.de/schweiz**

geprägt. Nicht weniger Spuren in den Köpfen und Herzen hat das 1973 erschienene Buch „In Trubschachen. Roman aus dem Emmental" von E. Y. Meyer hinterlassen. Ein guter Ausgangsort, um das Emmental und seine Bräuche zu erkunden, ist das  *Hotel Kemmeriboden-Bad* in *Schangau (31 Zi. | Tel. 03 44 93 77 77 | Fax 03 44 93 77 70 | www.kemmeriboden. ch | €€)*. Das stattliche Holzhaus, am Fuße des 2197 m hohen Hohgant gelegen, ist berühmt für seine regionale Küche. Auskunft: *Pro Emmental | Schlossstr. 3 | Langnau | Tel. 03 44 02 42 52 | www.emmental.ch*

FRIBOURG (FREIBURG) [124 C6]

Sie weinen beim Lachen. Und sie können auch noch bei Trauer ein bisschen Fröhlichkeit zeigen. Die Menschen in Fribourg haben dies zuletzt im Herbst 1991 bewiesen, als sie einen der ihren zu Grabe trugen: Jean Tinguely, den Maler, Bildhauer und Maschinenbauer. Mit einem wahren Volksfest würdigten die Freiburger, wie sie aufgrund des hohen Anteils Deutsch sprechender Einwohner auch genannt werden, ihren Meister. Zum Leidwesen der Fribourger wurde in Basel 1996 ein Tinguely-Museum eingeweiht, das einen Teil des Nachlasses beherbergt.

In Fribourg kann man sich mit einem Besuch des vorzüglichen *Musée d'Art et d'Histoire (Di–So 11–18, Do 11–20 Uhr | Tel. 02 63 05 51 40 | Rue de Morat 12 | Nähe Liebfrauenplatz)* trösten, in dem ein „Espace Jean Tinguely – Niki de Saint Phalle" eingerichtet wurde *(Mo/Di geschl.)*. Lohnenswert ist auch ein Besuch im Kulturzentrum *Fri-Son (Route de la Fonderie 13 | www.fri-son.ch)*, das Anfang der 1980er-Jahre gegründet wurde und mittlerweile weit über die Stadtgrenze hinaus bekannt ist – in erster Linie dank eines hochkarätigen Konzertprogramms. Nicht nur für die Konzertgänger ist die nette Bar ein Treffpunkt. Auskunft: *Fribourg Tourisme | Avenue de la Gare 1 | Tel. 02 63 50 11 11 | www.fribourgtourisme.ch*

GRUYÈRES (GREYERZ) [129 E3]

Von hier kommt ein weltberühmter Schweizer Hartkäse: der Greyerzer oder französisch Gruyère. Das Städtchen Greyerz thront schon von weitem sichtbar auf einem Höhenrücken. Auf dem höchsten Punkt der befestigten Stadt, auf einem Felssporn, steht *Schloss Greyerz (Nov.–März tgl. 10 bis 16.30 Uhr, April–Okt. tgl. 9–18*

Uhr | *www.chateau-gruyeres.ch).* Im Burgundersaal sind die drei reich verzierten Trauermäntel der Ritter vom Goldenen Vlies aus dem 15. Jh. ausgestellt. Zu sehen ist aber auch die spannende Geschichte der Grafen von Greyerz. Ganz in der Nähe liegt *Schloss Saint-Germain,* in dem seit 1998 die Werke des surrealistischen Schweizer Künstlers H. R. Giger gezeigt werden *(April–Okt. tgl. 10–18 Uhr, Nov.–März Di–Fr 13–17, Sa/So*

wird gekäst: 10 und 14.30 Uhr). Auskunft: *Office du Tourisme | Tel. 08 48 42 44 24 | www.la-gruyere.ch*

GSTAAD ☼ [130 A3]

Gstaad, das ist im Winter die Glitzerwelt, der Schickeria-Gegenpol zu St. Moritz. Hier, im weniger mondänen Dorf, verbringen viele Filmstars und andere Prominente ihre Skiferien. Seit die Hauptstraße 1998 zur autofreien Promenade umgebaut wurde, stellt

Der Aletschgletscher: ein riesiges Eismeer in den Berner Alpen

10–18 Uhr | www.hrgigermuseum. com). In der Nähe von Greyerz, in *Pringy,* gibt es die Schaukäserei *La Maison du Gruyère,* wo Sie die Herstellung der 35 kg schweren Greyerzer-Laibe beobachten können. Die Käseherstellung in einer traditionellen **Alpkäserei** können Sie 6 km südwestlich von Greyerz, in *Moléson-sur-Gruyères,* verfolgen. Die Käserei ist in einem typischen Chalet aus dem 17. Jh. untergebracht *(Mitte Mai–Ende Sept. tgl. 9–19 Uhr | zweimal tgl.*

Insider Tipp

auch das hohe Verkehrsaufkommen keine Beeinträchtigung für den Flaneur mehr dar. Betonburgen und Mammuthotels hat die strenge Berner Bauordnung ohnehin verhindert, sodass der Ausblick über die Chalets idyllisch ist. Er geht auf die eher „flache" Bergwelt von Wasserngrat (1936 m), Lauenenhorn (2477 m) und Giferspitz (2542 m). Schon im 7 km entfernten *Lauenen,* einem Dorf mit sehenswerter Kirche, ist der Flitterglitter Gstaads schon vergessen. Auskunft: *Gstaad-Saanenland-Tourismus | Promenade | Tel. 03 37 48 81 81 | www.gstaad.ch*

INTERLAKEN [130 C2]

Die Stadt ist die Eingangspforte zur atemberaubenden Bergwelt des Berner Oberlands mit der majestätischen Pracht des Gipfeldreigestirns Eiger, Mönch und Jungfrau, alle um 4000 m hoch. Interlaken, wie der Name sagt, zwischen zwei Seen, nämlich dem Brienzer und dem Thuner See, gelegen, ist seit fast 200 Jahren schon ein mondäner Wintersportort. ==Für Eisenbahnfans ein Muss:== der *SBB-Historic-Bahntreff.* Hier locken originale historische Lokomotiven und Modelleisenbahnen *(Mo–Fr 9–12 und 13.30 bis 17 Uhr | www.sbbhistoric.ch).* Im Nachbarort *Unterseen* gibt es ein interessantes *Touristik-Museum (Mitte Mai–Mitte Okt. Di–So 14–17 Uhr).* Auskunft: *Interlaken Tourismus | Tel. 03 38 26 53 00 | www.interlaken.ch*

JUNGFRAU-REGION [130 C3]

An dieser Stelle des Berner Oberlands prallen die Superlative nur so aufeinander. Im Mittelpunkt die ⭐ *Eiger-Nordwand,* immer wieder Herausforderung für Bergsteiger. Vor und nach der Erstbesteigung im Jahr 1938 durch eine deutsch-österreichische Seilschaft haben über 50 Menschen an der „Mordwand" ihr Leben gelassen. Superlativ zwei: die *Jungfraujoch-Bahn.* Besonders die Amerikaner und Japaner lieben den höchsten Bahnhof (3454 m) auf dem *Jungfraujoch* (3475 m), von dem aus man eine prächtige Aussicht über den mächtigen Aletschgletscher genießt.

Von der Zwischenstation 🌼 *Eiger-wand* (2866 m) kann man noch einmal einen Blick auf die mörderische Wand werfen, bis der Zug hinunter zum Bahnhof *Grindelwald* (1034 m) zuckelt. Wer auf die Reisekasse Rücksicht nehmen muss, kann mit der Jungfraujoch-Bahn von Grindelwald zur Station *Eigergletscher* (2300 m) fahren, am Fuß der Eiger-Nordwand entlang zur Station *Alpiglen* (1600 m) wandern (2–3 Std.) und von dort mit der Bahn zurück nach Grindelwald fahren. Das ist der größte Touristenort der Gegend, nicht der bekannteste. Dieser Titel gebührt dem autofreien *Wengen,* schon wegen der „Lauberhorn-Abfahrt", einem der berühmtesten Rennen im internationalen Skizirkus. Auskunft: *Verkehrsbüro Wengen | Tel. 03 38 55 14 14 | www.wengen.ch*

JURA

Der Jura ist ein Höhenzug zwischen Genf und Basel entlang der französischen Grenze und bekannt für die Schönheit seiner schroffen Kalkfelsen und weiten Hochebenen. Auf den sanften Hügeln werden die Freiberger Pferde gezüchtet, eine widerstandsfähige Rasse, die es dort auch braucht, denn in La Brévine [124 A5] werden mit bis zu 40 Grad minus die tiefsten Temperaturen der Schweiz gemessen. Der Jura wird nördlich teils durch den in einer Schlucht fließenden Doubs begrenzt, umfasst aber auch Gebiete der Kantone Waadt, Neuenburg und Bern sowie den Kanton Jura mit seinem schönen Hauptort Delémont [125 D3]. Basler Bischöfe gründeten ihn im 13. Jh. Für Wanderer, die von hier aus in den Jura starten wollen, gibt es eine Jugendherberge *(Route de Bâle 185 | Tel. 03 24 22 20 54)*. Auskunft: *Jura Tourisme | Place du 23 Juin | 2350 Saignelégier | Tel. 03 24 20 47 70 | www.juratourisme.ch*

NEUCHÂTEL (NEUENBURG)   [124 B5]

Die sehenswerte Stadt mit mediterranem Charme liegt am Neuenburgersee und lädt mit ihrer schönen Altstadt zum Flanieren ein. Wenn Sie Hunger haben: Machen Sie einen Halt in der wunderbaren Brasserie *Le Cardinal (Seyon 9 | So geschl. | Tel. 03 27 25 12 86 | €– €€)*. Der berühmteste Dichter der Schweiz, Friedrich Dürrenmatt, hat hier gelebt. Ein Besuch im vom Architekten Mario Botta erbauten *Centre Dürrenmatt* ist ein absolutes Muss. *Ch. du Pertuis-de-Sault 74 | Mi–So 11–17 Uhr | Tel. 03 27 20 20 60 | www.cdn.ch*. Auskunft: *Office du Tourisme | Hôtel des Postes | Tel. 03 28 89 68 90 | Fax 03 28 89 62 96 | www.neuchateltourisme.ch*

LE NOIRMONT   [124 B4]

Zwischen La Chaux-de-Fonds und Delémont und unweit von Saignelégier gibt es ein ehemaliges Bahnhofsbüfett, das heute zu den besten kulinarischen Adressen des Landes gehört. Zu Georges Wenger ins *De la Gare* in Le Noirmont in den Freibergen pilgert inzwischen die ganze Schweiz. Seine regionale Küche ist

> DIE WÜRZIGE IDEE
Maggi – ein Produkt entzweit das Land

Es ist nicht überliefert, ob Julius Michael Johannes Maggi, 1846 als fünftes von sechs Kindern im Kanton Thurgau geboren, als Kind ein Suppenkasper war. Als Erwachsener entwickelte er jedenfalls ein Herz für Suppenesser. Er erfand die Maggi-Würze, die noch heute die Genießer entzweit. Die einen halten die braune Mischung in der von Anbeginn an gleichen eckigen Flasche mit dem gelbroten Etikett für einen Angriff auf die Geschmacksnerven. Die anderen schwören auf das Gebräu, das so süchtig machend nach Liebstöckel schmeckt und doch nur aus dem Eiweiß von Erdnuss, Mais und Weizen besteht.

Die Landschaft rund ums Schilthorn diente schon als Hollywood-Kulisse

hervorragend. *Rue de la Gare 2 | Mo geschl. | Tel. 03 29 57 66 33 | www. georges-wenger.ch | €€€*

PORRENTRUY (PRUNTRUT) ⭐ [124 C3]

Das 1283 von den Basler Fürstbischöfen gegründete Städtchen liegt mitten in der Ajoie im Kanton Jura und ist ein guter Standort für Ausflüge in die nähere Umgebung. Sehenswert ist das *Hôtel-Dieu*, das frühere Spital, in dem heute ein Museum untergebracht ist. Erwähnenswert sind ein Meisterwerk der Kunstschreinerei des 19. Jhs., die alte Apotheke des Spitals und Kirchenschmuck aus dem 15. Jh. Im ehemaligen *Bischöflichen Palais*, das heute eine Schule beherbergt, ist ein Foucaultsches Pendel ausgestellt, mit dem sich die Drehung der Erde demonstrieren lässt. Von hier aus können Sie einen Ausflug zu den Grotten von Réclère, zum Préhisto-Parc *(siehe Seite 106)* und ins Städtchen St. Ursanne machen. Der alte Ort im Doubstal hat sich seit Anfang des 19. Jhs. kaum verändert. Auskunft: *Jura Tourisme | Hôtel-Dieu | 2900 Porrentruy | Tel. 03 24 20 47 72 | Fax 03 24 20 47 82 | www.juratourisme.ch*

SCHILTHORN [130 B3]

Als Alternative zum Jungfraujoch bietet sich ein Ausflug auf das Schilthorn an. Die Aussicht auf die vereisten Viertausender ist einfach grandios. Seit der 2970 m hohe ☀ *Gipfel* mit Drehrestaurant und 360-Grad-Rundumsicht als Kulisse für den 1963 gedrehten James-Bond-Film „Im Geheimdienst Ihrer Majestät" diente, ist er als „Piz Gloria" weltberühmt. Die Luftseilbahn können Sie von der Talstation Stechelberg oder der Zwischenstation Mürren aus nehmen. Legen Sie in Mürren einen Halt ein. Das autofreie Dorf mit seinen Chalets liegt auf einer schönen Bergterrasse über dem Lauterbrunnental. Auskunft: *Schilthorn | 3825 Mürren | Tel. 03 38 56 21 41 | www.schilthorn.ch*

> VOM GENFER SEE BIS ZUM MATTERHORN

Mehr Sprachen als in Genf spricht man auch bei den Vereinten Nationen nicht: Wo die Schweiz wirklich am internationalsten ist

> **Irgendwie hat es die Schweizer immer schon geärgert, dass die gebogene Banane des Lac Léman, wie der Genfer See auf Französisch heißt, nicht gänzlich zu ihrem Staatsgebiet gehört.**

Wie um sich dafür zu rächen, installierten sie gegenüber der französischen Seite das vielleicht weltläufigste Gebiet des ganzen Landes: Montreux, Lausanne und Genf werden von Touristen aus aller Welt bereist, geben sich international, genussreich und manchmal – denkt man an das spröde Bern – geradezu verrucht ausgelassen. Und der See selbst? Strahlt zu jeder Tages- und Nachtzeit eine Schönheit aus, die Dichter zu allen Zeiten zu lyrischen Versen verführte. So wie Lord Byron, der sich zum „Sonett an den Genfer See" inspirieren ließ: „Du See der Schönheit, die Begeisterung für/Unsterblichkeit und jene tiefe Glut,/die selbst den Hauch des Ruhms verkörpert hier."

Bild: Wasserschloss Chillon in Veytaux

GENF
WESTSCHWEIZ
WALLIS

GENF

 **KARTE
AUF SEITE 135**

[128 B4] **Der erste Blick fällt auf den** *jet
d'eau*, **die riesige Fontäne auf dem Genfer
See: 140 m schießt das Wasser in den
Himmel, so, als sollte es zeigen, wie aktiv
Genf (Genève) mit seinen 188 000 Ew. ist.**
Und tatsächlich fällt der zweite Blick
auf die Geschäftsleute, die den Motor
Genf am Laufen halten. Genf ge-

schäftlich – das ist zuerst einmal ein
aktives Bankenwesen mit unzähligen
Bankhäusern. Die Bedeutung Genfs
im Schweizer Wirtschaftsleben unter-
streichen die Uhrenfabrikation, die
Schmuckwarenherstellung, die Präzi-
sionsapparate-, Nähmaschinen- und
Motorenindustrie. Rau mag da das
internationale Verhandlungsklima sein;
das des Wetters ist es nicht. Die Nähe
des Sees sorgt für Milde. Die Durch-
schnittstemperaturen sind während

Sporthafen Jetée des Eaux Vives am Südostufer der Genfer Reede

des ganzen Jahres über Null. Zwei besondere Winde kennt man in Genf: den *Bise*, einen trockenen Nordost, und den *Vent*, ein warmes, föhnartiges Lüftchen. Beide sind auf den Brücken über die aus dem See abfließende Rhône besonders zu spüren.

■ SEHENSWERTES

Insider Tipp

BAINS DES PÂQUIS ▶▶

In dieser aus den 1930er-Jahren stammenden, durch Volksabstimmung geretteten Badeanstalt trifft sich ganz Genf. Es gibt ein Superfrühstück mit Müesli, über Mittag werden günstige Menüs angeboten. Sonnenbaden und Schwimmen gehören natürlich auch dazu. Symbolischer Eintritt: 2 Franken! *Mitte April–Mitte Sept. 9–20 Uhr | Quai Mont-Blanc 30 | Tel. 02 27 32 29 74 | www.bains-des-paquis.ch*

CATHÉDRALE DE ST-PIERRE

Die sehenswerte dreischiffige Basilika, im 12. Jh. begonnen und erst im 18. Jh. mit einer neuen Fassade vollendet, am höchsten Punkt der Altstadt gelegen, sollten Sie auch deshalb ansteuern, weil Sie vom ❊ Nordturm aus einen besonders schönen

Blick über Berge, See und Stadt haben (Achtung: 150 Stufen!).

HÔTEL DE VILLE

Im Rathaus wurde 1864 die Genfer Konvention, das erste Abkommen des Internationalen Roten Kreuzes, unterschrieben. Im Renaissance-Innenhof finden im Sommer Konzerte statt. *Rue de l'Hôtel de Ville*

MUSÉE D'ART MODERNE ET CONTEMPORAIN

Wer sich für Gegenwartskunst interessiert, ist im *Mamco*, wie das Museum kurz genannt wird, richtig. Dieser Tempel für Gegenwartskunst mitten in der Stadt gehört zu den besten und eindrucksvollsten Kunstmuseen der Schweiz. *Di–Fr 12–18, Sa/So 11–18 Uhr | Rue des Vieux-Grenadiers 10 | www.mamco.ch*

MUSÉE INTERNATIONALE DE LA RÉFORME

Direkt neben der Kathedrale ist das Reformationsmuseum in einem schönen Altstadthaus untergebracht. Im Zentrum der Schau stehen Leben und Lehre Jean Calvins. *Di–So 10–17 Uhr | Rue du Cloître 4*

> www.marcopolo.de/schweiz

WESTSCHWEIZ/WALLIS

MUSÉE INTERNATIONAL DE LA CROIX-ROUGE ET DU CROISSANT-ROUGE

1864 unterzeichneten zwölf Staaten die Genfer Konvention zur Milderung von Kriegsleiden. Damit war der Grundstein für die Internationale Rotkreuz- und Rothalbmondbewegung gelegt. Die erste humanitäre Organisation der Welt ist vom Schweizer Henri Dunant initiiert worden. Das Museum zeigt die Geschichte der Bewegung anhand von Fotos, Dokumentarfilmen und Objekten. *Mi–Mo 10–17 Uhr | Avenue de la Paix 17 | www.micr.ch*

MUSÉE PATEK PHILIPPE

Ein Muss für alle Uhrenliebhaber. Im Museum der Genfer Uhrenmanufaktur sind bedeutende Uhren von 1839 bis heute ausgestellt. *Di–Fr 14–18, Sa 10–18 Uhr | Rue des Vieux-Grenadiers 7*

PARC DES BASTIONS

In diesem Schmuckstück von Park inmitten der Stadt lässt sich's gut verweilen. Da stören auch die strengen Blicke der Reformatoren *(Mur des Réformateurs)* nicht. Besonders am Sonntagnachmittag ist hier viel los. *Place Neuve*

QUAIS RUND UM DAS SEEBECKEN ✺

Der Spaziergang vom *Parc des Eaux-Vives* am linken Seeufer über den *Pont Mont Blanc* und den gleichnamigen Quai mit den großartigen Hotelpalästen bis zum *Parc Mon Repos* am rechten Ufer bietet grandiose Blicke auf Stadt, Alpen und den *Montblanc*, den höchsten Berg Europas.

■ ESSEN & TRINKEN ■

Obwohl von Frankreich mit seiner köstlichen Küche umzingelt, haben sich auch in Genf mehr als eine Handvoll Spitzenköche niedergelassen, die Umgebung am See nicht mitgerechnet, wo es in den Dörfern nur so von Gourmetoasen wimmelt.

BATEAU DE GENÈVES ▶▶

Von Mitte Mai bis Mitte September öffnet die *Buvette* (ein kleiner Esskiosk) des alten Exposchiffes in unmittelbarer Nähe des Jet d'eau am Ufer des Genfer Sees. Auf dem Schiff bekommen Sie auch ein feines Raclette. *Di–Sa 11–15 Uhr | Tel. 02 27 36 07 75 | €*

BRASSERIE DES HALLES DE L'ÎLE

Bistro- und Brasseriespezialitäten in den ehemaligen Markthallen auf der

MARCO POLO HIGHLIGHTS

★ **Buffet de la Gare des Eaux-Vives**
Feine französische Gerichte, schönes Dekor (Seite 48)

★ **Collection de l'art brut**
Eindrucksvolle Kunstsammlung der besonderen Art in Lausanne (Seite 50)

★ **Wasserschloss Chillon**
Am Genfer See liegt eine der schönsten Burgen der Schweiz (Seite 52)

★ **Matterhorn**
Der Berg ist das Schweizer Wahrzeichen schlechthin (Seite 52)

Rhône-Insel. Konzerte, Ausstellungen und Theateraufführungen inklusive. *Place de l'Île 1 | Tel. 02 23 11 08 88 | €–€€*

BUFFET DE LA GARE DES EAUX-VIVES

Dieses ehemalige Bahnhofsbüfett lohnt einen Umweg. Es gibt feine französische Gerichte zu angenehmen Preisen. Im Sommer lockt eine schöne Terrasse. *Sa/So geschl. | Av. de la Gare des Eaux-Vives 9 | Tel. 02 28 40 44 30 | €€–€€€*

CAFÉ-CRÊPERIE SAINT-PIERRE

Kleine, feine Crêperie direkt neben der Kathedrale. Gutes Preis-Leistungs-Verhältnis. Bei schönem Wetter ist die Terrasse offen. *Place de la Taconnerie 6 | Tel. 02 23 10 09 76 | €*

L'ECHALOTTE

Vis-a-vis vom Friedhof, wo Calvin ruht, treffen sich Einheimische und Kunstschaffende, um zu debattieren und die gute Küche zu genießen. *Sa/So geschl. | Rue des Rois 17 | Tel. 02 23 20 59 99 | €€*

MANORA

Die schweizerische Warenhauskette „Manor" betreibt in größeren Städten eine Reihe von Selbstbedienungsrestaurants, meist im obersten Stockwerk mit Aussicht. In Genf befindet es sich im Parterre, dafür aber mit Straßenterrasse. Marktfrische Küche, riesige Auswahl, ein sehr gutes Preis-Leistungs-Verhältnis. *Rue Cornavin 4 | Tel. 02 27 31 31 46 | €*

■ EINKAUFEN

Genf ist ein Einkaufsparadies – vor allem für die potente internationale Kundschaft. Aber es sind auch schöne Kleinode zu entdecken.

MARCHÉ AUX PUCES (FLOHMARKT)

Internationale Händler, umfassendes Angebot auf der großen Wiese mitten

Im Herzen der Altstadt von Genf: Nachtleben an der Place du Bourg-de-Four

Das Leben genießen: Straßencafé in Genf

in der Stadt. *Mi und Sa 8–16 Uhr* | *Plaine de Plainpalais*

RUES BASSES

Unterhalb der sehenswerten *Vieille Ville*, der Altstadt, schließt sich das exklusive, kosmopolitische Handels- und Einkaufsviertel an mit der *Rue du Rhône* als zentraler Achse.

■ ÜBERNACHTEN

Das Angebot ist weltstädtisch. Bei der Hotelreservierung hilft *Geneva Tourisme (siehe „Auskunft")*.

BEL ESPÉRANCE

Ruhige Lage in der Altstadt, herrliche Aussicht von der  Dachterrasse. *40 Zi.* | *Rue de la Vallée 1* | *Tel. 02 28 18 37 37* | *Fax 02 28 18 37 73* | *www.hotel-bel-esperance.ch* | €€

DE LA CLOCHE

Kleines, familiäres, altmodisches Haus in der Nähe des Sees. Zentral gelegen. *8 Zi.* | *Rue de la Cloche* | *Tel. 02 27 32 94 81* | *Fax 02 27 38 16 12* | *www.geneva-hotel.ch/cloche* | €

CORNAVIN

Für Tim-&-Struppi-Fans führt kein Weg am Cornavin vorbei: Das Hotel wurde im Band „Der Fall Bienlein" verewigt. Die Lage am Bahnhof ist auch für Nicht-Fans ideal. *169 Zi.* | *Blvd. James-Fazy 33 / Place Cornavin-Gare* | *Tel. 02 27 16 12 12* | *Fax 02 27 16 12 00* | *www.fhotels.ch* | €€€

■ AM ABEND

GRIFFIN'S CLUB

Die begehrte Disko ist eigentlich nur Mitgliedern zugänglich. Doch es gibt einen Trick: Speisen Sie vorher im dazugehörigen *Le Griffin's Café*, dann wird man Sie nach Öffnung der Nachtclubpforten auch dort einlassen. *Café ab 20 Uhr, Club ab 23 Uhr* | *Blvd. Helvétique 36* | *Tel. 02 27 35 28 29*

L'USINE ▶▶

Insider Tipp

Im Genfer Kulturzentrum ist immer etwas los: Konzerte, Theater, Off-Kino und wirklich unglaubliche Tanz-Happenings. *Place des Volontaires 4* | *www.usine.ch*

■ AUSKUNFT ■

GENEVA TOURISM
*Rue du Mont-Blanc 18 | Tel.
02 29 09 70 00 | Fax 02 29 09 70 11 |*
www.geneva-tourism.ch

LAUSANNE

**[128 C3] Die Hauptstadt (130 000 Ew.) des
Waadtlands hat einen zentralen Platz, auf
dem sich alles trifft, zumal die Jugend,
die das Stadtbild prägt:** *la Place St-
François.* Mitten in der größtenteils
autofreien Altstadt ist er Zentrum des
Geschäftslebens, aber auch Flanier-
meile mit zahlreichen Straßencafés.
Über dem Platz erhebt sich die *Kirche
St-François,* der Überrest eines Fran-
ziskanerklosters aus dem 13. Jh. Der
sehenswertere Sakralbau ist die *Ca-
thédrale Notre-Dame,* die man über
die überdachten Markttreppen erreicht. In dem Bau, dessen Grundstein
1173 gelegt wurde, ist im südlichen
Querschiff besonders die *Fensterro-
sette* aus dem 13. Jh. sehenswert.
Lausanne blickt von einem Hügel
auf den Genfer See hinab. Deshalb
muss man hinuntersteigen nach *Lau-
sanne-Ouchy,* um an die Uferpromenade zu gelangen. Sie können die
Métro nehmen, übrigens die einzige in
der Schweiz. Ouchy selbst ist ein
gemütlicher, kleiner Ort zum Bummeln. Man blickt auf Segelboote und
die Savoyer Alpen, und es geht sehr
südländisch zu.

■ SEHENSWERTES ■

COLLECTION DE L'ART BRUT ★

Dieses Museum „primitiver Kunst"
dürfen Sie nicht verpassen. Grundstein der ungewöhnlichen Sammlung
ist eine Schenkung des Malers Jean
Dubuffet. Heute befinden sich mehr
als 10000 Kunstwerke von Schizo-
phrenen, Häftlingen und Einzelgän-
gern im Besitz des Hauses. Berühmte
Namen sind Adolf Wölfli, Aloïse und
Louis Soutter. *Di–So 11–18 Uhr | Av.
des Bergières 11 | www.artbrut.ch*

MUSÉE OLYMPIQUE 🔊

In diesem Museum steht die Geschichte der olympischen Bewegung
und der Olympischen Spiele im Zentrum. Ebenso das Leben des Begrün-
ders des modernen olympischen Ge-
dankens, Baron Pierre de Coubertin,
der 1937 in Genf starb. *April–Okt. tgl.
9–18 Uhr, Nov.–März Di–So 9–18
Uhr | Quai d'Ouchy 1*

BUFFET DE LA GARE

Im Bahnhofsbüfett der 1. Klasse mit hundertjähriger Vergangenheit essen Sie gut und preiswert. *Tgl. | Place de la Gare 11 | Tel. 02 13 11 49 00 | €*

L'HÔTEL DE VILLE

10 km außerhalb von Lausanne steht einer der besten Schweizer Köche am Herd: Philippe Rochat. Ohne Voranmeldung bekommen Sie keinen Platz im wunderschönen, 1926 erbauten Haus in Crissier. *So/Mo geschl. | Rue d'Yverdon 1 | Tel. 02 16 34 05 05 | www.philippe-rochat.ch | €€€*

ÜBERNACHTEN

BEAU-RIVAGE PALACE

Dieser traumhafte 5-Sterne-Palast liegt direkt am Genfer See in Ouchy. *Place du Port 17 | Tel. 02 16 13 33 33 | Fax 02 16 13 33 34 | www.brp.ch | €€€*

HÔTEL DU MARCHÉ

Einfaches, gepflegtes Hotel bei der Place de la Riponne. Gartenterrasse. *26 Zi. | Rue Pré-du-Marché 42 | Tel. 02 16 47 99 00 | Fax 02 16 46 47 23 | www.hoteldumarche-lausanne.ch | €*

AUSKUNFT

LAUSANNE TOURISME

Av. de Rhodanie 2 | Tel. 02 16 13 73 73 | www.lausanne-tourisme.ch | Zweigstellen am *Hauptbahnhof (Place de la Gare 9)* und in *Ouchy*

ZIELE IN DER UMGEBUNG

MONTREUX [129 D3]

Ein Hauch von Fin de Siècle weht noch durch die ca. 30 km südöstlich von Lausanne gelegene Stadt. Die Wende zum 20. Jh. scheint in Montreux (20000 Ew.) wieder lebendig zu werden, wenn man die Hotelpaläste an der Uferpromenade in diesem Teil des „Waadtländische Riviera" genannten Seeufers betrachtet. Der schönste von allen ist das

Lausanne: Südportal der Kathedrale

Fairmont Le Montreux Palace (185 Zi. | 50 Suiten | Grand-Rue 100 | Tel. 02 19 62 12 12 | Fax 02 19 62 17 17 | www.montreux.ch/montreux-palace | €€€). Von den Zimmern ist der Blick auf den See und die Berge einfach sensationell. Die *Jugendherberge* in

Montreux-Territet (Passage de l'Auberge 8 | Tel. 02 19 63 49 34 | Fax 02 19 63 27 29) ist einmal im Jahr überfüllt, wenn wegen des Internationalen Jazzfestivals Europas Jugend nach Montreux strömt (www.montreuxjazz.com). Auskunft: Office de Tourisme | Rue du Théâtre 5 | Tel. 08 48 86 84 84 | Fax 02 19 62 84 86 | www.montreux.ch

Insider Tipp Montreux bietet sich als Ausgangspunkt für Ausflüge an, z.B. mit der Zahnradbahn auf den Hausberg, den Rochers de Naye. Die Aussicht vom 2045 m hohen ✵ Gipfel ist traumhaft. Sie überblicken den See, die Berner, Walliser und Savoyer Alpen mit Montblanc-Massiv und den Jura. Hier können Sie das Murmeltierparadies und den Alpingarten La Rambertia (Juni–Okt. tgl. 10–16 Uhr) besuchen. Im Frühling ist ein Ausflug besonders schön, dann sind die Wiesen voll blühender Narzissen. Wenn Sie in Montreux wohnen, haben Sie schon den halben Weg hinter sich. Beim Verkehrsbüro können Sie ein Busticket Chemin fleuri kaufen und damit Teile des 10 km langen Weges per Bus zurücklegen. Auf der Wegstrecke liegt (3 km von Montreux) das ✶ Wasserschloss Chillon. Der ehemalige Sitz der Savoyer Grafen mit Türmen und doppelter Mauer ist die wohl schönste mittelalterliche Burg der Schweiz. April–Sept. tgl. 9–18, März/Okt. 9.30–17, Nov.–Feb. 10–16 Uhr | Av. de Chillon 21 | Veytaux | www.chillon.ch

Insider Tipp **ROMAINMÔTIER** [128 C2]
Charmantes Städtchen (25 km nördlich von Lausanne) inmitten von Buchenwäldern. Herzstück ist die romanische Abteikirche, die einst zu einem bedeutenden Kloster gehörte. Der Legende nach geht die Gründung auf die Wandermönche Romanus und Lupinus zurück. Urkundlich erwähnt wurden die Mönche von Romainmôtier ein Jahrhundert später. Damit gilt die Waadtländer Gründung als früheste klösterliche Niederlassung auf dem Gebiet der heutigen Schweiz. Sie zählt zu den wichtigen Denkmälern der burgundischen Epoche (Mo–Sa 9–12, 13.30–18, So 13.30–18 Uhr). Auskunft: Association touristique de Romainmôtier | La Porterie | Tel. 02 44 53 14 65 | www.romainmotier.ch/tourisme/

ZERMATT

[130 B5] **Die ersten Touristen, die das Bergdorf im Kanton Wallis im 18. Jh. besuchten, kamen nicht, um das** ★ Matterhorn **zu bewundern, sondern um Alpenkräuter zu sammeln.** Heute ist der autofreie Ferienort (5500 Ew.) dank des Matterhorns (4478 m) – die Einheimischen nennen es liebevoll „Horu" – in der ganzen Welt berühmt. Im Winter laden in Zermatt auf 194 km die Pisten zum Skifahren ein, im Sommer rund 20 km Gletscherskigebiet auf dem Kleinen Matterhorn. Sein Gipfel gilt mit 3883 m als höchstgelegener Aussichtspunkt der Alpen, den man bequem mit der Seilbahn erreichen kann.

Das Touristenzentrum ✵ Matterhorn Glacier Paradise (www.matterhornparadise.ch) in 3883 m Höhe ist nach umweltverträglichen Standards umgebaut und 2009 wiedereröffnet worden. Das mit Solarenergie betriebene Zentrum bietet eine grandiose Aussicht sowie Verpflegungs- und Übernachtungsmöglichkeiten.

Den sicher schönsten Blick auf das Matterhorn und sein Hochgebirgspanorama hat man vom 3138 m hohen ❄ *Gornergrat*, auf den eine Zahnradbahn führt. Den Matterhorn-Blick quasi auf der Speisekarte haben 38 Bergrestaurants, von denen das *Ritty (Tel. 02 79 67 14 82 | €€)* den besten bietet. Da Zermatt eng mit der Geschichte des Bergsteigens verbunden ist, sollten Sie dem Bergsteigerfriedhof in der Nähe des Alpinen Museums einen Besuch abstatten. Hier haben Bergsteiger aus aller Welt, die am siebthöchsten Berg der Alpen scheiterten, ihre letzte Ruhestätte gefunden.

■ SEHENSWERTES

MATTERHORN-MUSEUM

In der rekonstruierten Welt des armen Bergdorfes, das Zermatt einmal war, befindet sich dieses Museum. Thema: das Matterhorn und seine Bergdramen. *Eine Woche nach Ostern bis Ende Juni und Okt. tgl. 14–18 Uhr, Juli–Sept. tgl. 11–18 Uhr, Mitte Dez. bis eine Woche nach Ostern tgl. 15–19 Uhr | Tel. 02 79 67 41 00 | www.matterhornmuseum.ch*

RICOLA KRÄUTERGARTEN

Hier wachsen 13 verschiedene Kräuter, die den bekannten Ricola-Kräuterbonbons den Geschmack verleihen. Ein schöner Spazierweg führt vom Zermatter Dorfzentrum zum Kräutergarten im Weiler Blatten.

■ ESSEN & TRINKEN

BURGENER

Rustikales Restaurant im Zentrum. Empfehlenswert sind die Walliser

Station Gornergrat mit Blick aufs Matterhorn

Spezialitäten. *Tgl. | Hauptstr. 72 | Tel. 02 79 67 10 20 | €*

ZUM SEE

Mit der Seilbahn bis Furi und 15 Min. zu Fuß. Dann erwartet Sie Rösti mit Speck, Gerstensuppe oder eine Käseschnitte. Schöne Terrasse. *Tgl. | Tel. 02 79 67 20 45 | www.zumsee.ch | €€*

■ ÜBERNACHTEN

CŒUR DES ALPES 🌐

Kleines, aber großzügiges Hotel mit attraktiver Wellnessanlage. *6 Zi.,*

7 Suiten und 6 Lofts | Tel. 02 79 66 40 80 | Fax 02 79 66 40 81 | www.coeurdesalpes.ch | €€€

LE MAZOT

Kleines, frisch renoviertes Hotel in einem Chalet mit Blick aufs Matterhorn. Bad/Dusche z. T. auf der Etage, dafür ist es preisgünstig. *9 Zi. | Tel. 02 79 66 06 06 | Fax 02 79 66 06 07 | www.lemazotzermatt.ch | €*

■ AUSKUNFT ■

ZERMATT TOURISMUS

Bahnhofplatz 5 | Tel. 02 79 66 81 00 | Fax 02 79 66 81 01 | www.zermatt.ch

■ ZIELE IN DER UMGEBUNG ■

BERGFÜHRER-MUSEUM [130 B4]

Das Spezialmuseum ist in St. Niklaus (20 km von Zermatt) im ältesten Gebäude des Tals untergebracht. Hier können Sie Leben und Arbeit der Bergführer einst und heute miterleben. *Mitte Juli–Ende Sept. Di/Fr 16–18 Uhr, sonst auf Anfrage | Auskunft: Tourismus-Büro | Tel. 02 79 56 36 63*

FURKASTRASSE

Im Land der vielen Alpenpässe lohnt die Fahrt über einen Pass, z.B. über die Furkastraße, die von Brig [130 C4] (von Zermatt ca. 40 km) im Kanton Wallis durchs Goms nach Andermatt [131 E2] im Kanton Uri führt. In Gletsch kommt erstmals der Rhonegletscher in Sicht, das ☀ Panorama auf Berner und Walliser Alpen ist herrlich. Beim Hotel *Belvédère*, 3 km unterhalb der Furkapasshöhe, können Sie einen Halt einlegen und die *Eisgrotte im Rhonegletscher* besuchen. Der 100 m lange Eistunnel liegt

auf 2300 m Höhe *(Juni–Mitte Okt. tgl. 8–18, im Hochsommer je nach Wetter bis 19.30 Uhr | Auskunft: Tel. 02 79 73 11 29 | www.gletscher. ch).* Vom Belvédère bis auf die Passhöhe ist der Blick auf die Berner Viertausender Lauteraarhorn, Finsteraarhorn und Schreckhorn am schönsten. Beim Hotel *Furkablick* haben Sie die Passhöhe erreicht (2431 m).

GRANDE DIXENCE [129 F5] Inside Tip

Die Schweiz mit ihren großen Wasservorräten ist ein Land der Staudämme. Die berühmteste Talsperre ist die *Grande Dixence* im Walliser Bergtal Val d'Hérémence, das Sie von Zermatt über Visp und Sion (ca. 95 km) erreichen. Mit 285 m Höhe ist sie die höchste und mit 2365 m auch die höchstgelegene Staumauer der Welt. Im Sockel ist sie 200 m dick, die ☀ begehbare Mauerkrone ist 700 m lang. Dahinter stauen sich die rund 400 Mio. m³ Wasser des Lac des Dix. Am Fuße der gigantischen Staumauer gibt es Verpflegungs- und Übernachtungsmöglichkeiten sowie ein Infozentrum. Wer die Natur genießen möchte, kann den Stausee entlang wandern. *Besichtigung der Anlage Mitte Juni–Sept. | Auskunft: Hérens-Tourisme (1981 Hérémence | Tel. 02 72 07 23 33)* oder *Grande Dixence SA (Tel. 02 73 28 43 11 | www.grande-dixence.ch).* Die Grande Dixence ist von Sion aus mit dem Auto oder Postauto erreichbar. Ein weiterer sehenswerter Walliser Staudamm ist die 180 m hohe *Barrage d'Emosson.* Dieser Staudamm liegt 24 km südwestlich von Martigny. Das nahe gelegene ☀ *Restaurant du Barrage d'Emosson* lockt mit schöner

WESTSCHWEIZ/WALLIS

Aussichtsterrasse auf das Montblanc-Massiv und auf weitere Walliser Gipfel *(15. Mai–Nov. tgl. | Tel. 02 77 68 12 74 | www.emossonresto. com | €– €€).*

LEUKERBAD [130 B4]

Leukerbad klebt, von Zermatt über Visp ca. 60 km entfernt, wie ein

Literaturfestival statt. *Auskunft: Leukerbad Tourismus | 3954 Leukerbad/ Loèche-les-Bains | Tel. 02 74 72 71 71 | www.leukerbad.ch*

SAAS-FEE [130 C5]

Das autofreie Saas-Fee (von Zermatt ca. 40 km entfernt), Saas-Grund, Saas-Almagell und Saas-Balen gehören zu

Raues Paradies für Bergfans: eine typische Berghütte im Wallis

Adlernest in den Bergen. Der Kurort ist vor allem wegen seiner Thermalbäder bekannt. Am schönsten ist es, in einem der offenen Bäder zu schwimmen und sich von der riesigen Steilwand des Gemmipasses beeindrucken zu lassen. Im Juli ist im kleinen, fast verkehrsfreien Kurort viel los: Dann finden alljährlich das Clown- und Cabaretfestival sowie das

den beliebtesten Schweizer Ferienorten. 13 Viertausender sind für das schöne Panorama verantwortlich. Die höchste *Metro Alpin* der Welt bringt Sie ins Allalin-Gebiet. *Auskunft: Saas-Fee Tourismus | Tel. 02 79 58 18 58).* Und wenn Sie schon in Saas-Fee sind, kehren Sie im *Waldhotel Fletschhorn* ^{Insider Tipp} ein *(Tel. 02 79 57 21 31 | www.fletsch horn.ch | €€€).*

> DIE SONNENSTUBE DER SCHWEIZ

Der italienische Zipfel zwischen Locarno und Luganer See
ist immer noch der Platz für bunte Träume in lauer Luft

> Manche schwören darauf, dass es morgens im Tessin am schönsten ist. Wenn der Nebel aus den Tälern und Seeniederungen fortzieht, wird erstmals am Tag deutlich sichtbar, wie herrlich dieser südliche Kanton der Schweiz ist.
Das – oder, wie einige Schweizer sagen, der – Tessin *(il Ticino)* hat sich trotz des vergleichsweise hohen Touristenaufkommens in vielen Ecken Eigentümlichkeit bewahrt. Und vor allem Schönheit. Im Dreieck zwischen Locarno, der Kantonshauptstadt Bellinzona und Lugano fühlen sich auch viele Zugereiste dauerhaft wohl. Häufig hört man im südlichsten Schweizer Kanton auch Schweizerdeutsch, Deutsch, Französisch und Englisch. Wer ein paar Wörter Italienisch spricht, kommt bei den Einheimischen allerdings besser an. Mehr Informationen finden Sie im Internet unter *www.ticino.ch* und im MARCO POLO Band „Tessin".

Bild: Hafen von Locarno

LUGANO
TESSIN

LUGANO

**KARTE
AUF SEITE 134**

[132 A5] ⭐ Diesen besonders sonnenreichen Ort mit fast 2300 Sonnenstunden pro Jahr bezeichnet mancher überschwänglich als das „helvetische Arkadien". Bei lauen Winden vom See her und milden Temperaturen ist die Stadt (53 000 Ew.) in einer vom Monte San Salvatore und dem Monte Brè geschützten Bucht am Nordwestufer des Luganer Sees (italienisch: *Ceresio*) ein idealer Luftkurort. Das hat Folgen – nämlich Touristenmassen. Trotzdem kommt nie das Gefühl von Hektik auf.

■ SEHENSWERTES ■

ALTSTADT (CENTRO)

Im teilweise autofreien Zentrum mit seinen schmalen Gassen, die von Arkaden gesäumt werden, hat man ein Gefühl von hochsympathischer

Lebensart. Lugano ließ frühe Reisende im 19. Jh. begeistert schreiben, dass es ein „niedliches Kleinbild von Neapel" sei. Die belebten Arkadengassen heißen *Via Nassa* und *Via Pessina*.

CHIESA S. MARIA DEGLI ANGIOLI

Diese Kirche an der *Piazza Luini* müssen Sie unbedingt besuchen, denn

Ascona: Kirche St. Peter und Paul

sie beherbergt das berühmteste Renaissance-Wandbild der Schweiz. Das Meisterwerk zeigt die Passionsgeschichte Christi und wurde 1529 von Leonardo da Vincis Schüler Bernardino Luini ausgeführt.

PIAZZA DELLA RIFORMA

Im Zentrum des Platzes steht das Rathaus *(Municipio)* aus dem Jahr 1845. Im Innern: Gemälde, Skulpturen und Fresken. Im Innenhof steht eine *Spartakus-Statue* (1848) von Vela. Unweit des Rathauses finden Sie drei *Palazzi Riva*, repräsentative Barockbauten des 18. Jhs.

SAN LORENZO

An der Kathedrale, deren Anfänge auf das 9. Jh. zurückgehen, beeindruckt die Fassade aus dem 16. Jh. Sie gilt als eines der bedeutendsten Werke der Frührenaissance im Tessin. *Tagsüber zur Andacht geöffnet*

■■ ESSEN & TRINKEN ■■

Die Tessiner Küche ist der italienischen sehr nahe. Den *risotto con luganighe* (Reis mit Würstchen) z.B. sollten Sie sich nicht entgehen lassen. Eine Besonderheit sind die *grotti ticinesi*. Einst nur gut durchlüftete Felsenkeller zur Lagerung von Wein und Käse, sind die Tessiner *grotti* heute kleine, urige Gasthäuser, in denen man gut essen und trinken kann. Um sie zu finden, müssen Sie allerdings Einheimische fragen. Unbedingt empfehlenswert ist etwa das *Grotto Alpe Valà* in Cadro. Nach einem halbstündigen Fußmarsch erwartet Sie eine „urchige" Beiz *(Tel. 09 19 43 25 87 | €)*.

BOTTEGONE DEL VINO

Hier lassen sich in familiärer Atmosphäre exzellente Weine degustieren. Auch vorzügliche Küche. *So geschl. | Via Magatti 3 | Tel. 09 19 22 76 89 | €€*

AL PORTONE

Küchenchef Roberto Galizzi kocht leicht und tagesfrisch vom Luganeser Markt. Beispiel: Felchenfilet in Zitronensoße. *So/Mo geschl.* | *Viale Cassarate 3* | *Tel. 09 19 23 55 11* | €€€

LA TINÉRA

Hier werden die traditionellen Tessiner Gerichte wie Polenta, Risotto, Kalbshaxen und *Zabaione* (Weinschaum) serviert. Das Restaurant liegt zentral, in der Nähe der Piazza della Riforma. *So geschl.* | *Via dei Gorini 2* | *Tel. 09 19 23 52 19* | €–€€

■ ÜBERNACHTEN

FLORA

Familiär geführtes Haus mit Garten im Ortsteil Paradiso. *34 Zi.* | *Via Geretta 16* | *Tel. 09 19 94 16 71* | *Fax 09 19 94 27 38* | *hotelflora@bluewin.ch* | €

Insider Tipp JUGENDHERBERGE

Die Jugendherberge liegt inmitten eines subtropischen Parks (mit Swimmingpool) in Savosa bei Lugano. *Via cantonale 13* | *Tel. 09 19 66 27 28* | *Fax 09 19 66 23 63* | *www.dieoase.ch*

STELLA GARNI

Hotel mit viel Ambiente und Charme, zentral gelegen. Wunderschöner Garten mit kleinem Swimmingpool. *16 Zi.* | *Via F. Borromini 5* | *Tel. 09 19 66 33 70* | *Fax 09 19 66 67 55* | *www.hotel-stella.ch* | €€

ZURIGO

Zentral gelegenes, hübsches Hotel. Angenehm und gepflegt. *40 Zi.* | *Corso Pestalozzi 13* | *Tel. 09 19 23 43 43* | *Fax 09 19 23 92 68* | *www.hotelzurigo.ch* | €€

■ AM ABEND

Für Tanzlustige zwei Adressen: die Diskos *Tito's Place (Via al Forte)* und *Morandi (Via Trevano)*.

■ AUSKUNFT

LUGANO TURISMO

Riva Albertolli 5 | *Tel. 09 19 13 32 32* | *www.lugano-tourism.ch*

■ ZIELE IN DER UMGEBUNG ■

ASCONA [132 A5]

Das einstige Fischerdorf ist sehenswert wegen seines verwinkelten *centro storico*, der Altstadt. Sie beginnt hinter der Uferpromenade mit ihren vielen Straßencafés. Einen Hauch Tessiner Ambiente erleben Sie im

MARCO POLO HIGHLIGHTS

★ Lugano
Diese Stadt im Süden hat viel zu bieten (Seite 57)

★ Castello Montebello
Von der Burg aus dem 13. Jh. schweift der Blick über Bellinzona (Seite 60)

★ Gandria
Mit dem Schiff zu dem malerischen Fischerdorf am Luganer See (Seite 60)

★ Filmfestival Locarno
Hunderte von preisverdächtigen Filmen innerhalb von zehn Tagen (Seite 60)

★ Swissminiatur
In Melide schrumpft die Schweiz auf Spielzeuggröße (Seite 61)

★ Valle Onsernone
Besuch im unbekanntesten Tal des Tessins (Seite 61)

Ristorante degli Angioli, das zusammen mit einem Hotel in einem 500 Jahre alten Haus untergebracht ist *(Mi geschl. | Via Albarelle 3 | Tel. 09 17 91 25 18 | €€)*. Einige Berühmtheit erlangte der Berg oberhalb Asconas: der *Monte Verità* Um die Wende zum 20. Jh. wurde er zum mystischen Mittelpunkt Europas, als sich dort Anarchisten, Esoteriker und Naturburschen zu Debatten und Happenings trafen. Gute Restaurants gibt es in Losone bei Ascona, z.B. die hervorragende *Osteria dell'Enoteca (Contrada Maggiore 24 | Tel. 09 19 71 52 23 | Mo/Di geschl. | €€€)*.

Insider Tipp

BELLINZONA [132 B4]

Über der Kantonhauptstadt thronen drei Burgen. Das ★ *Castello Montebello* (13. Jh.) gilt als eine der schönsten Burgen des Landes und beherbergt das *Museo civico* mit archäologischen Funden. Auf das ältere *Castelgrande* führt von der *Piazza del Sole* ein Lift. Es wird im Sommer als Bühne für Opern- und Kinovorführungen genutzt. Empfehlenswert: ein Halt im Burgrestaurant *Castelgrande (Mo geschl. | Tel. 09 18 26 23 53 | €€)*. Das *Castello di*

Sasso Corbaro (15. Jh.) liegt südöstlich der Stadt. Lohnend ist der *Markt* am Samstag. Er ist der größte des Kantons und bietet Kunsthandwerk und Tessiner Spezialitäten.

GANDRIA ★ [132 A–B5]

Am besten nähern Sie sich vom Wasser aus diesem malerisch an den Fels gekuschelten Fischerdorf am Luganer See. Am Seeufer gegenüber liegt das *Museo doganale,* ein Zollmuseum, in dem Schmuggeltricks und andere Zeugnisse krimineller Grenzgängerei dokumentiert sind *(Mitte April–Mitte Okt. tgl. 13.30 bis 17.30 Uhr | Eintritt frei | erreichbar nur per Schiff | Fahrplanauskunft: Tel. 09 19 71 52 23)*.

Insider Tip

LOCARNO [132 A4]

Die *Piazza Grande* mit ihren Arkadengängen und Straßencafés ist stets einen Besuch wert, ganz besonders aber im August: Dann findet hier das ★ *Internationale Filmfestival* statt. Hunderte Beiträge kämpfen um die Auszeichnung des Goldenen Leoparden, etliche Filme werden unter freiem Himmel auf der Piazza gezeigt, die Platz für 8000 Zuschauer bietet. Festivalinfos: *www.pardo.ch*

In der Altstadt trifft man sich in der *Casa del Popolo (tgl. | Piazza Corporazioni | Tel. 09 17 51 12 08 | €)*. Ein Gourmettempel ist die *Osteria del Centenario (So geschl. | Lungolago Motta 17 | Muralto | Tel. 09 17 43 82 22 | €€€)*. Originelle vegetarische Küche bietet das *Il Boccalino (Mo geschl. | Via della Motta 7 | Tel. 09 17 51 96 81 | €€)*. Wer Lust auf Musik hat: In der *Cantina Canetti (Piazza Grande)* finden am Wochen-

Insider Tipp

In Bellinzona beherrschen die Burgen das Stadtbild

ende regelmäßig Jazzkonzerte statt, in der ▶▶ 🔊 *Bar Lungolago (Via Bramantino 1)* treffen sich junge Leute. Hier gibt's die beste Pizza der Stadt.

Eine sehr gute Unterkunft ist das Schlosshotel mit seinem wunderschönen Garten in Piazza-Nähe *(32 Zi. | Tel. 09 17 51 23 61 | Fax 09 17 51 73 23 | €€). Auskunft: Ente Turistico Lago Maggiore | Via B. Luini 3 | Tel. 09 17 91 00 91 | www. maggiore.ch*

MELIDE [132 A6]
Die große Attraktion des Orts ist ⭐ *Swissminiatur*. Die Modellanlage zeigt Schweizer Sehenswürdigkeiten in 25-facher Verkleinerung. *Mitte März–Okt. So–Do 9–18, Fr/Sa 9 bis 22.30 Uhr | www.swissminiatur.ch*

PORTO CERESIO [132 A6]
Das auf italienischer Seite liegende Fischerdörfchen (20 km von Lugano) ist mit dem Schiff gut erreichbar. Wer den 90-minütigen Aufstieg zum 🌿 Fuß des Monte Grumello nicht scheut, wird mit urwüchsiger Umgebung und schöner Aussicht auf den Luganer See belohnt. 200 m oberhalb von Porto Ceresio befindet sich die 2 km lange Verteidigungsanlage *Linea Cadorna* aus dem Ersten Weltkrieg. Das System aus Schützengräben, Stollen und Beobachtungsposten ist im Sommer begehbar. *Auskunft: Lugano Turismo | Riva Albertolli | Tel. 09 19 13 32 32 | www.lugano-tourism.ch*

VALLE ONSERNONE ⭐ [131 E4–5]
Diese abgelegene Schlucht zeigt die andere, schroffe Seite des Tessins. Manche Häuser können nur mit Gondel angefahren, manche Höfe nur per Hubschrauber bedient werden. Aber ein Postbus fährt, und es gibt in Comologno die *Osteria Palazign (Tel. 09 17 97 20 68 | €€)*. Man erreicht das Tal, von dem Max Frisch einmal sagte, es sei das einzige Tal der Schweiz „ohne Baedekers Stern", von Locarno nordwärts über Tegna und die Abzweigung bei Cavigliano.

> AM VIERWALDSTÄTTER SEE UND HINAUF IN DIE BERGE

In den Urkantonen und im Bergkanton Graubünden begreift man die strahlende Schönheit der schweizerischen Alpenwelt

> Man nennt ihn den „lächelnden See" – und keiner weiß, ob damit ein Glitzern im Vierwaldstätter See oder das verträumte Lächeln gemeint ist, das Besuchern aus den Augen strahlt, die an diese, wie Johann Wolfgang von Goethe es nannte, „Großtat der Natur" herantreten.

Am Vierwaldstätter See – spätestens – beginnt die Schweiz, schmerzlich schön zu werden. Hier schlägt das Herz des Alpenstaats. Nicht wegen des sogenannten Rütlischwurs der drei Urkantone und schon gar nicht wegen der historisch nicht belegten und von einem Herrn namens Schiller ziemlich aufgebauschten Geschichte mit Wilhelm Tell. Nein, die Sache hat ganz natürliche Gründe: Die Schönheit der Natur prägt sich einem für immer ein. Diesem „Herzen des Landes" ist in diesem Kapitel mit Graubünden die zentrale Region der Schweiz bis an die österreichische Grenze im Osten angegliedert.

Bild: Rathaus von Luzern mit Blick auf den Vierwaldstätter See

LUZERN
GRAUBÜNDEN

CHUR

[127 E5] **Die Drehscheibe Graubündens erleidet das Schicksal, dass viele Urlauber sie auf dem Weg in die großen Wintersportgebiete glatt übersehen.** Dabei ist Chur (35000 Ew.) immerhin die älteste nachgewiesene Siedlung der Schweiz, die bis auf 2500 v.Chr. in die Jungsteinzeit zurückgeht. Deshalb birgt die Stadt für historisch Interessierte reiche Schätze aus vielen Epochen wie z.B. den Bischöflichen Hof, das Bischöfliche Schloss und die Kathedrale.

◼ SEHENSWERTES ◼

BÜNDNER KUNSTMUSEUM

In der Planta-Villa aus dem 19. Jh. sind bedeutende Werke wichtiger Bündner Künstler wie Ernst Ludwig Kirchner, Angelika Kauffmann oder der Gebrüder Giacometti ausgestellt. *Di–So 10–17 Uhr | Postplatz*

DOMSCHATZ

Seit 451 ist Chur beurkundeter Bischofssitz. Der Domschatz illustriert die vergangenen 1500 Jahre Kirchengeschichte mit historisch und künstlerisch wertvollen Stücken. Darunter ein römisches Arzneikästchen aus dem 4. Jh. und der St.-Luzius-Schrein

RESTAURANT HOFKELLEREI

Gewölbte gotische Balkendecke und ein einmaliger Blick auf die Altstadt: Die Hofkellerei ist die älteste Gaststube Churs und wurde schon im 16. Jh. betrieben. Heute sitzt man heimelig am Kachelofen und genießt die Weine aus der bischöflichen Domäne

Vom mächtigen Parpaner Rothorn schweift der Blick in die Ferne

(1252). Die Schätze sind zurzeit im Rätischen Museum untergebracht. *Di–So 10–17 Uhr | Quaderstr. 15*

■ ESSEN & TRINKEN ■
VA BENE ▶▶

Restaurant, Lounge und Bar – ideal nach einer Stadterkundung. Einheimische, kreative Küche. *Tgl. | Gäuggelistr. 60 | Tel. 08 12 58 78 02 | www.restaurant-vabene.ch | €€*

oder Bündner Spezialitäten wie *Capuns* (Eierspeise mit Mangold) und Weine der Region. *Tgl. | Hof 1 | Tel. 08 12 52 32 30 | €€*

■ ÜBERNACHTEN ■
HOTEL FREIECK

Sehr angenehmes Hotel in der nachts autofreien Altstadt. *42 Zi. | Reichsgasse 44 | Tel. 08 12 55 15 15 | Fax 08 12 55 15 16 | www.freieck.ch | €€*

> www.marcopolo.de/schweiz

HOTEL STERN 🔊

Ein Hotel mit viel Arvenholz und trotzdem sehr elegant. Es befindet sich in guter Lage im Zentrum von Chur. *65 Zi. | Reichsgasse 11 | Tel. 08 12 58 57 57 | Fax 08 12 58 57 58 | www.stern-chur | €€*

AUSKUNFT

CHUR TOURISMUS
Grabenstr. 5 | Tel. 08 12 52 18 18 | www.churtourismus.ch

ZIELE IN DER UMGEBUNG

DAVOS ⭐ [127 F6]

Es gibt solche, die behaupten, dass Davos zwar nicht der schönste, aber einer der besten Wintersportorte der Schweiz sei. Andere schwören, dass Davos sommers wie winters einen Urlaub wert sei. Zu den Davos-Freunden gehören auch jene, die ein Lungenleiden heilen wollen (ganz wie in Thomas Manns „Zauberberg") und solche, die mit einem Kunstband unter dem Arm auf den Spuren Ernst Ludwig Kirchners wandeln. Der große Expressionist schuf hier einige seiner Gemälde. Dokumente über das Leben des in Davos auch be-erdigten Malers findet man im *Kirchner-Museum (Weihnachten–Ostern, Juli–Sept. Di–So 10–18, sonst Di–So 14–18 Uhr | Ernst-Ludwig-Kirchner-Platz)*. Aus der Fülle der Restaurants sei eines herausgegriffen: Im heimeligen *Bistro Gentiana* mit Jugendstildekor wird seit Jahren gut gekocht *(im Sommer Mi geschl. | Davos Platz | Promenade 53 | Tel. 08 14 13 56 49 | www.gentiana.ch | €€€)*. Spezialitäten sind verschiedene Fondues sowie Schneckengerichte. Auskunft: *Davos Tourismus | Tel. 08 14 15 21 21 | www.davos.ch*

LENZERHEIDE/VALBELLA [127 E6]

Das weite Hochtal von Valbella und Lenzerheide wird im Sommer und Winter gleichermaßen aufgesucht. Für Wintersportler gibt's insgesamt 155 km Pisten, von denen etwa die Hälfte als leicht gelten. Auskunft erteilt das für beide Ortschaften gemeinsame *Verkehrsbüro (Tel. 08 13 85 11 20 | www.lenzerheide.ch)*.

Höchste Erhebung ist mit 2863 m das *Parpaner Rothorn*, auf das eine Seilschwebebahn hinaufführt und an dessen Fuß bei *Parpan* die Straße des

MARCO POLO HIGHLIGHTS

⭐ **Davos**
Am „Zauberberg" sind Kunst und Sport allgegenwärtig (Seite 65)

⭐ **Engadin**
Ein Hochtal mit außerordentlichem Panorama (Seite 66)

⭐ **Via Mala**
Die Schönheit des „bösen Weges" ist atemberaubend (Seite 68)

⭐ **Verkehrshaus Luzern**
Das größte Verkehrsmuseum Europas erstaunt nicht nur Kinder (Seite 70)

⭐ **Weg der Schweiz**
An der Gründungsstätte des Landes geht die Wanderung los (Seite 72)

⭐ **Rigi**
Wunderbarer Rundblick auf die Alpen wie auf das Mittelland (Seite 75)

Bündner Fleischs beginnt. Im Churwaldnertal haben sich eine ganze Reihe von Fleischtrocknereien angesiedelt. Die reine und würzige Luft gibt dem Bündner oder, wie man auch sagt, *Bindenfleisch,* seinen besonderen Geschmack. Eine gute Adresse ist **Insider Tipp** die **Fleischtrocknerei** *Jörg Brügger* in Parpan (Tel. 08 13 82 11 36 | *www. bruegger-parpan.ch).* Seit vier Generationen wird das Fleisch zu Roh-

Eine Spezialität: das Bündnerfleisch

schinken, *Salsiz* (luftgetrocknete Wurst) oder *Coppa* (eine Schinkenspezialität) verarbeitet.

PONTRESINA IM ENGADIN [133 D3]

Leiden Sie unter Heuschnupfen? Dann sollten Sie im späten Frühjahr nach Pontresina reisen. Die ultraviolette und staubtrockene Luft bläst, wie überhaupt im ganzen ★ *Engadin,* Allergien fort. Pontresina, eingerahmt

von herrlichem Hochgebirge, ist ebenso ein Sommer- wie Winterurlaubsort und ein Schickeria- wie Wanderertreffpunkt. Man verträgt sich aber.

RUINAULTA [127 D6]

So heißt die gewaltige Rheinschlucht zwischen Reichenau, wo Hinter- und Vorderrhein zusammenfließen, und Ilanz. Durch die Ablagerungen eines späteiszeitlichen Bergsturzes hat sich der Vorderrhein vor etwa 10000 Jahren eine 400 m tiefe Schlucht von umwerfender Schönheit gebahnt, die Rückzugsgebiet für viele seltene Tier- und Pflanzenarten ist. Wer die wilde Schlucht mit ihren weißen Kalksteinhängen auf komfortable Art erleben will, durchfährt die Ruinaulta am besten mit der Rhätischen Bahn, deren Trasse mitten durch die Felslandschaft führt. Wer die Natur hautnah erleben will: Es gibt ein gutes Netz an Wanderwegen und Bike-Touren und außerdem Angebote für Kajaktouren und Riverrafting. *Informationen: www.ruinaulta.ch*

ST. ANTÖNIEN [133 D1]

Wer rustikale Romantik in herrlicher Berglandschaft mit Blick aufs Breithorn liebt, schläft am besten im *Berghaus Sulzfluh* in St. Antönien: Das Hotel bietet Romantikzimmer an. Am Abend gibt es Kerzenlicht, waschen müssen Sie sich mit kaltem Wasser aus der Schüssel. In der Gaststube werden *Älplermaggronen* (Makkaroni) oder *Chäsgetschäder* (Käsefondue) vom Holzherd serviert. *12 Zi. | 7246 Partnun/St. Antönien | Tel. 08 13 32 12 13 | www. sulzfluh.ch | €*

ST. MORITZ [133 D3]

Aus den winterlichen Klatschkolumnen ist der Nobelort nicht wegzudenken. Er hat 350 km Skipisten und mit dem 3451 m hohen *Piz Corvatsch* eine echte Herausforderung für Steilhasen. Abends bietet das Dorf unendlich viele Gelegenheiten, um sich vergnügen. Doch auch wer stillere Vergnügen liebt, kommt auf seine Kosten. So herrscht im *Segantini-Museum,* in dem Werke des Künstlers Giovanni Segantini (1858–1899) ausgestellt sind, eine fast mystische Stille. Segantinis monumentale Alpengemälde beschwören eine ideale Bergwelt hinauf *(Mitte Mai–Mitte Okt., Anfang Dez.–Mitte April Di–So 10–12 und 14–18 Uhr | Via Somplaz 30 | www.segantini-museum.ch).* Eine gute Ausweichmöglichkeit zum Rummel in St. Moritz ist das Hotel ▶▶ *Misani* in Celerina, das sowohl Hotel als auch Bar, Lounge, Bistro und Restaurant in einem ist *(39 Zi. | Tel. 08 18 39 89 89 | Fax 08 18 39 89 90 | www.hotelmisani.ch | €€).* Im sieben Kilometer entfernten *Champfèr* verwöhnt Sie im *Jöhri's Talvo (Tel. 08 18 33 44 55 | €€€)* ein kreativer Koch. Auskunft: *Verkehrsbüro St. Moritz | Via Maistra 12 | Tel. 08 18 37 33 33 | www.stmoritz.ch*

SILSER SEE [133 D3]

Sils im Engadin, ein viel besuchter Luftkurort hinter St. Moritz, besteht aus den Dörfern Sils-Maria und Sils-Baselgia. Für Kulturreisende mag der Besuch des *Nietzsche-Hauses* in *Sils-Maria (neben Hotel Edelweiß | Mitte Juni–Mitte Okt. und Ende Dez.–Mitte April Di–So 15–18 Uhr | www.nietzschehaus.ch)* das Größte sein. Die spartanische Einrichtung stammt zwar aus dem 19. Jh., ist aber nicht jene, in der sich der genügsame Philosoph von 1881–1888 im Sommer aufhielt – vor allem wegen der Umgebung, die ihm zur wichtigen Inspirationsquelle wurde.

Seltene Bergpflanze: der Enzian

SILVAPLANA [133 D3]

Der Ort liegt zwischen St. Moritz und Sils am gleichnamigen See. Dieser ist bei Surfern beliebt, denn immer gegen Mittag frischt der Malojawind auf, der vom Malojapass her das ganze Oberengadin hinunter bläst. Im Sommer gehört der See den Kitesurfern, im Winter den Snowskitern. Im Winter verfügt Silvaplana zudem mit dem Corvatsch über ein prächtiges Skigebiet, das auf 3300 m hinaufreicht. Auskunft: *Touristeninformation | Tel. 08 18 38 60 00 | www.silvaplana.ch*

VIA MALA ⭐ [132 C2]

Der, wie er übersetzt heißt, „böse Weg" führt durch die gleichnamige Rheinschlucht zwischen *Thusis* und *Zillis* in Graubünden. Wer seine Schönheit richtig ermessen will, geht zu Fuß, auch wenn inzwischen eine Straße durch die Schlucht gebaut wurde. Der Fußweg ist 7 km lang. Wer kein Auto hat, fährt mit der Rhätischen Bahn von *Chur* nach *Thusis*. Dort steigt er in den Postbus, der dann durch die Schlucht Richtung *San Bernardino* zuckelt. In *Zillis* lohnt ein Besuch der *Kirche St. Martin*, die man wegen der rund 900 Jahre alten, farbigen Kirchendecke auch die „Sixtina der Alpen" nennt. Ausführliche Informationen erhalten Sie bei der *Gästeinformation Viamala* in Thusis *(Tel. 08 16 51 11 34)* und bei *Zillis Tourismus (Tel. 08 16 61 21 73)*. *www.viamala.ch*

LUZERN

KARTE AUF SEITE 137

[126 A4–5] Wer mit der Eisenbahn anreist, hat ihn umgehend, diesen wunderbaren Blick über den Vierwaldstätter See. Die Bahnhofshalle (ein Meisterwerk des spanischen Stararchitekten Santiago Calatrava) im Rücken, geht der Ankommende auf die Seebrücke und die Altstadt Luzerns zu. Nur wenige Schritte vom Bahnhof, direkt am See, befindet sich der faszinierende Bau des Kongress- und Kulturzentrums Luzern. Die Tourist-Information veranstaltet einen engagierten „Stadtbummel", bei dem die Luzerner Geschichte lebendig wird. *Die fachkundige Führung findet Mai–Okt. tgl. um*

Atemberaubende Rheinschlucht: Die Via Mala ist nichts für schwache Nerven

9.45 Uhr statt, im Winter nur Mi und Sa. Treffpunkt für den kurzweiligen Spaziergang ist die *Tourist Information (Zentralstr. 5 | Tel. 04 12 27 17 17)* im Westtrakt des Bahnhofs. Der Spaziergang dauert zwei Stunden und kostet 18 Franken.

SEHENSWERTES

BOURBAKI-PANORAMA))

Insider Tipp

In einem eigens erstellten Stahlbau ist das größte Rundgemälde der Welt zu bestaunen: Es zeigt den Übertritt der französischen Ostarmee unter General Bourbaki in die Schweiz und deren Internierung während des Deutsch-Französischen Kriegs 1870/71. *Nov.–März Di–So 10–17, Mo 13–17 Uhr, April–Okt. Di–So 9–18, Mo 13–18 Uhr | Löwenplatz 11*

GLETSCHERGARTEN

In der Nähe des *Löwenplatzes* legten Archäologen Ende des 19. Jhs. 32 sogenannte Gletschermühlen frei. Sie entstehen, wenn Schmelzwasser beim Hinabfließen in Gletscherhöhlen hartes Felsgestein mit sich reißt und dieses dann, vom Strudel herumgewirbelt, den Sandstein aushöhlt. Im angeschlossenen Museum wird das Ganze dargestellt. *April–Okt. tgl. 9–18 Uhr, Nov.–März tgl. 10–17 Uhr | www.gletschergarten.ch*

HOFKIRCHE ☆

Den besten Blick auf die *Stadt- und Stiftskirche St. Leodegar und Mauritius* hat man vom Schwanenplatz aus. Nach einem Brand 1633 wurde sie im Stil der Spätrenaissance wieder aufgebaut. Während der Sommermonate finden an der berühmten Orgel von Johann Geissler Konzerte statt.

KAPELLBRÜCKE

Das Wahrzeichen Luzerns wurde gebaut, um die Stadt gegen Angriffe von der Seeseite zu schützen. Nach Brand (1993) und Neubau hat sie im Grunde keinen historischen Wert mehr. Am besten erreichen Sie sie von der *Bahnhofstraße*.

KONGRESS- UND KULTURZENTRUM))

Meisterwerk des französischen Stararchitekten Jean Nouvel. Ob Sie in der ☆ Seebar die Sicht genießen oder die Bestände des Kunstmuseums (schweizerische Kunst seit dem 15. Jh. sowie Malerei des 20. Jhs.) auf sich wirken lassen – ein Erlebnis! Tolle Akustik im Konzertsaal. *Europaplatz 1 | www.kkl-luzern.ch*

SAMMLUNG ROSENGART

Die bedeutende Sammlung der Kunsthändlerfamilie Rosengart zeigt

Werke Picassos und Fotos zu seinem Leben. *April–Okt. Di–So 9–18, Mo 13–18 Uhr, Nov.–März Di–So 10–17 Uhr, Mo 13–17 Uhr | Pilatusstr. 10 | www.rosengart.ch*

RICHARD-WAGNER-MUSEUM

Hier, am früheren Wohnsitz des tongewaltigen Komponisten, gibt es neben einem Überblick über Leben und Werk des Meisters eine Sammlung kostbarer Musikinstrumente zu sehen. *15. März–Nov. Di–So 10–12 und 14–17 Uhr | Richard-Wagner-Weg 27*

VERKEHRSHAUS LUZERN ⭐

Die historische und technische Entwicklung der verschiedenen Verkehrsmittel bis hin zur Raumfahrt stehen im Zentrum dieses Verkehrsmuseums. Der Schwerpunkt liegt auf den Errungenschaften, die den Verkehr im 19. und 20. Jh. verändert haben. Attraktionen sind das Planetarium und das Imax, ein Filmtheater-Rundgebäude mit einer 360-Grad-Projektion. *April–Okt. tgl. 10–18, Nov.–März 10–17 Uhr | Lidostr. 5 | www.verkehrshaus.ch*

Insider Tipp

▪ ESSEN & TRINKEN ▪

BELLINI GIARDINO

Das schön renovierte Lokal bietet Tessiner Spezialitäten. Im Sommer ist die Terrasse, das „Vögelisgärtli", sehr beliebt. *Tgl. | Murbacherstr. 4 | Tel. 04 12 28 90 50 | €–€€*

BLACK VELVET

Mit einem wohlschmeckenden Kaffee und warmen Panini kommen Sie morgens auf Touren, abends locken kleine Gerichte. *So geschl. | Bundesplatz 3 | Tel. 04 12 10 21 50 | €*

BRASSERIE BODU

Wer auf ausgezeichnete französische Küche steht und diese in schönem Ambiente genießen möchte, ist hier gut aufgehoben. *Tgl. | Kornmarkt 5 | Tel. 04 14 10 01 77 | €€*

HELVETIA 📶

In dieser Brasserie speisen Sie gut und günstig. Im Sommer lockt eine sehr schöne Gartenterrasse. *So Mittag geschl. | Waldstätterstr. 9 | Tel. 04 12 10 44 50 | €–€€*

MAGDALENA ▶▶

Komplett renoviert und im alten Glanz wieder eröffnet. Das „Magdi" (Bar und Beiz) ist eine Institution! *Bar So geschl. | Eisengasse 5 | Tel. 04 14 10 42 78 | www.magdalena.ch | €*

NIX'S IN DER LATERNE ✂

Der Blick von der ✂ Terrasse im Sommer auf die Reuss und das Nadelwehr ist einfach herrlich, das Essen frisch und fein. *Reussteg 9 | Tel. 04 12 40 25 43 | www.nixinderlaterne.ch | €–€€*

STADTKELLER

Hier wird ordentliche Schweizer Kost und Folklore geboten: Kuhglocken und Alphörner tönen *mittags ab 12.15, abends ab 20.45 Uhr (nur im Sommer)*. Im Winterhalbjahr finden ab 20.30 Uhr Rock-, Pop- oder Jazzkonzerte statt. *Tgl. | Sternenplatz 3 | Tel. 04 14 10 47 33 | €€*

▪ EINKAUFEN ▪

Zu empfehlen sind der *Blumen- und Gemüsemarkt* an beiden Ufern der Reuss *(Di und Sa 7–13 Uhr)* sowie der *Handwerkermarkt* auf dem Weinmarkt (*März–Dez. jeden 1. Sa im Monat 7–16 Uhr*).

■ ÜBERNACHTEN ■

ALPHA

Zentral gelegenes, einfaches Hotel an der lebendigen Pilatusstrasse. *50 Zi. | Pilatusstr. 66/Zähringerstr. 24 | Tel. 04 12 40 42 80 | Fax 04 12 40 91 31 | www.hotelalpha.ch | €*

DES BALANCES

Renoviertes Altstadthaus mit stilvollen Zimmern und schöner Aussicht auf Reuss und Kapellbrücke. Im Restaurant marktfrische Schweizer Küche. *57 Zi. | Weinmarkt | Tel. 04 14 18 28 28 | Fax 04 14 18 28 38 | www.balances.ch | €€€*

CAMPING

Ein baumbestandener Campingplatz mit Seezugang und Strand befindet sich beim *Verkehrshaus am Lido* (*Lidostr. 19 | Tel. 04 13 70 21 46*).

GOLDENER STERN

Das traditionsreiche Haus liegt zentral, in unmittelbarer Nähe von Reuss und Jesuitenkirche. Gepflegte Zimmer. *16 Zi. | Burgerstr. 35 | Tel. 04 12 27 50 60 | Fax 04 12 27 50 61 | www.goldener-stern.ch | €*

JAILHOTEL LÖWENGRABEN

Im ehemaligen Zentralgefängnis ist dieses witzige Hotel mit spezieller Atmosphäre untergebracht. Die Zimmerkategorien nennen sich „Suiten", „most wanted" und „unplugged" (möglichst im Originalzustand belassene Zellen). *56 Zi. | Löwengraben 18 | Tel. 04 14 10 78 30 | Fax 04 14 10 78 32 | www.jailhotel.ch | €€*

Luftfahrttechnik im Verkehrshaus

JUGENDHERBERGE

Das Haus *Am Rotsee* ist eine der schönsten Jugendherbergen des Landes. *Sedelstr. 12 | Tel. 04 14 20 88 00*

MONTANA

Hoch über dem Vierwaldstättersee thront dieses Art-déco-Hotel. Ein Lift bringt Sie sicher in die Höhe, die

Aussicht in die Berge ist herrlich, und in der schönen Hotelbar gibt's auch Kultur. *Adligenswilerstr. 22 | Tel. 04 14 19 00 00 | Fax 04 14 19 00 01 | www.hotel-montana.ch | €€€*

VILLA MARIA

Diese kleine, aber feine Pension befindet sich in der Nähe des schönen Strandbades Lido. *10 Zi. | Tel./Fax 04 13 70 21 19 | €*

■ AUSKUNFT ■
VERKEHRSBÜRO

Zentralstr. 5 | am Hauptbahnhof | Tel. 04 12 27 17 17 | www.luzern.org

VERKEHRSBÜRO ZENTRALSCHWEIZ

Alpenstr. 1 | Info-Tel. 04 12 27 17 17 | www.centralswitzerland.ch

■ ZIELE IN DER UMGEBUNG ■

Mit dem *Tell Pass* haben Sie freie Fahrt an frei wählbaren Tagen mit Schiffen, Bergbahnen und Autobussen in der Zentralschweiz. *Angebot 1:* gültig 7 Tage, davon 2 Tage freie Fahrt, an den übrigen Tagen Fahrten zum halben Preis *(158 Franken, mit dem Swiss Pass/Card 126 Franken). Angebot 2:* gültig 15 Tage, an 5 Tagen freie Fahrt, restliche Tage halber Preis *(210 Franken, mit Swiss Pass/Card 168 Franken). Tel. 04 13 67 67 67 | www.tellpass.ch*

ANDERMATT [131 E2]

Die Hochebene um Andermatt ist ein viel besuchter Wintersportort. Andermatt liegt im Herzen der Schweizer Alpen, ist nach Osten über den Oberalppass mit Graubünden verbunden, nach Westen über den Furkapass mit dem Wallis.

BRUNNEN ☀ [126 B5]

Brunnen im Kanton Schwyz liegt im Herzen der malerischen Urschweiz am Ufer des Urner Sees (Teil des Vierwaldstättersees). Nicht nur wegen seines dörflichen Charmes und der schönen Lage am See mit Blick auf steile Felshänge und den Uri-Rotstock lohnt sich ein Aufenthalt in Brunnen, sondern auch weil sich von hier aus einige Ausflüge in die nähere Umgebung unternehmen lassen, z.B. zur *Rütliwiese* oder auf die *Rigi.*

Brunnen ist zudem der Endpunkt des urschweizerischsten aller Wanderwege: des ★ *Weges der Schweiz.* Rund 35 km lang führt er von der Rütliwiese – das Rütli gilt als Gründungsstätte der Schweiz – um den Urner See bis nach Brunnen. Hier wurde der berühmte Rütlischwur („Wir wollen sein ein Volk von Brüdern") im Jahr 1315 erneuert. *(Wandertelefon 04 18 25 00 46 | Wettertelefon 04 18 20 15 34 | www.weg-der-schweiz.ch).*

Ein anderer empfehlenswerter Ausflug führt zu den *Hölloch-Grotten* im Muotathal. Zuhinterst im Tal liegt die größte Karsthöhle Europas. Bislang wurden 180 km vermessen, und immer wieder entdecken Höhlenforscher neue Gänge, Hallen und Schluchten. Der Zugang ist nur mit Führern möglich. Nehmen Sie warme Kleidung mit, denn im Inneren liegt die Temperatur bei 6 Grad. *Führung (90 Min.) 20 Franken | Juni und Sept. Sa/So, Juli und Aug. Mi–So jeweils 10, 13, 15.30 Uhr, Mo und Di auf Anfrage | Hölloch | www.trekking.ch.* Auskunft: *Brunnen Tourismus | Bahnhofstr. 15 | Tel. 04 18 25 00 40 | www.brunnentourismus.ch*

BÜRGENSTOCK ❄ [126 A5]

Der vornehme Luftkurort in der Nähe Luzerns gewann an Bedeutung nach der Eröffnung der Seilbahn von Kehrsiten im Jahr 1889. Dank Park, Grand

der 1280 m hoch gelegenen *Alp Rosenboden* im Eigenthal Natur pur erleben: Bei Otti und Marili Zemp können Sie essen, trinken, übernachten, das Älplerleben und die frische

Alp Insider Tipp

Tor zum Wallis und nach Graubünden: Andermatt

und Palace Hotel bekam Bürgenstock schnell mondänen Zulauf. Heute locken die herrliche Weitsicht und ein *9-Loch-Golfplatz (www.golfclub-buer genstock.ch)*. Neben dem *Palace Hotel* befindet sich eine neugotische Kapelle (1897). Ein Club mit Freibad und exotischer Bepflanzung genügt höchsten Ansprüchen. Eine 6 km lange, kurvenreiche Straße führt von Stansstad hinauf.

EIGENTHAL [125 F5]

Gleich vor der Haustüre, nur 14 km von Luzern entfernt, kann man auf

Landluft genießen. *Alp Rosenboden | 6013 Eigenthal | 3 Zi. und ein Massenlager | Tel. 04 14 97 45 29 (Alp) | Tel. 04 14 97 29 50 (Tal) | €*. Weitere Auskünfte zum Eigenthal bekommen Sie beim *Verkehrsbüro Pro Eigenthal (Tel. 04 14 97 27 11 | www.eigenthal. ch)*.

ENGELBERG [126 A6]

Das Obwaldner Dorf liegt von hohen Bergen umgeben – u.a. dem 3200 m hohen Titlis. Berühmt ist der 1000 m hoch gelegene Ferienort wegen seines Benediktinerklosters. Bis 1798 gehörte das ganze Engelberger Tal dem im 12. Jh. gegründeten Kloster und war ein selbstständiger geistlicher Kleinstaat. Heute beherbergen die mächtigen Klosterbauten eine Schule. Berühmt wurde Engelberg durch den Schweizer Chansonnier Stephan Eicher, der dem Ort sogar ein Album („Engelberg") widmete. Auskunft: *Engelberg Tourist Center | Klos-*

natürlicher Lebensräume und zur Förderung eines sanften Tourismus. Informationen unter *www.biosphae re.ch* oder beim *Tourismusbüro Sörenberg (Rothorn-Center 2 | 6174 Sörenberg | Tel. 04 14 88 11 85).*

KÜSSNACHT/RIGI
Also dann: Durch diese hohle Gasse – muss man eigentlich nicht durch.

Die Freiheit über den Wolken: Blick vom Rigi-Kulm

terstr. 3 | Tel. 04 16 39 77 77 | www. engelberg.ch

ENTLEBUCH   [125 F5]
Seit 2001 ist das Entlebuch, ein rund 400 km² großes, hügeliges Gebiet, ein Unesco-Biosphärenreservat. Gut ein Drittel der Fläche sind geschützte Moorbiotope. Das Unesco-Etikett verpflichtet die Region zur Erhaltung

Mit viel Pathos (und Sinn für Fremdenverkehr) halten die Schweizer ihren Befreiungsmythos von Wilhelm Tell aufrecht, der dem Landvogt Gessler aufgelauert haben soll. Hat er wohl nicht – die Historiker können's einfach nicht beweisen. Trotzdem hat Küssnacht [126 A4] seinen Tellbrunnen. Und selbstverständlich kommen Sie nach 2 km auf der Straße

Richtung *Immensee* an die *Tells-kapelle* und die *Hohle Gasse*. Damit genug der Armbrustschießereien. Das Schönste an Küssnacht ist die ⭐ *Rigi* [126 B5]. Jawohl – es heißt einwandfrei: die! Denn höchstwahrscheinlich leitet sich der Name von Regina montium ab, „Königin der Berge". Der weiteste Blick bis zu den französischen Vogesen und auf den deutschen Schwarzwald eröffnet sich dem Betrachter vom ❄ *Rigi-Kulm*, wo hinauf eine Zahnradbahn aus *Vitznau* fährt. Die Luftseilbahn aus Weggis gelangt nur bis Rigi-Kaltbad, dafür stehen dort Hotels und Sonnenterrassen zur Verfügung, und es gibt etliche Spazierwege. Selbstverständlich können Sie auch in die Zahnradbahn umsteigen, die Sie ganz auf den Gipfel hinaufführt.

PILATUS [126 A5]

Der massige, 2132 m hohe Pilatus ist das Wahrzeichen der Stadt Luzern und gilt den Luzernern auch als Barometer: „Trägt der Pilatus seinen Hut (Wolken), bleibt das Wetter im Lande gut. Gürtet er jedoch sein Schwert (der Gipfel ragt aus dem Wolkenkranz), ist das Wetter nicht viel wert." Von Luzern können Sie mit dem Schiff nach Alpnachstad fahren, dann umsteigen auf die steilste Zahnradbahn der Welt (48 Prozent Steigung), und schon sind Sie oben und können auf Luzern herunterschauen. Auf der anderen Seite geht es mit Luftseil- und Gondelbahn via Fräkmüntegg hinunter nach Kriens. Diese Tour nennt sich die „Goldene Rundfahrt". *Erwachsene ca. 90 Franken, Kinder die Hälfte | Tel. 04 13 29 11 11 | www.pilatus.ch*

SCHWYZ [126 B5]

Es muss sein, dass der dem ganzen Land den Namen gebende Urkanton mit seiner Hauptstadt erwähnt wird. Immerhin kann man im *Bundesbriefarchiv (Bahnhofstr. 20)* historische Dokumente wie das Original des Bundesbriefs von 1291 besichtigen. *Di–Fr 9–11.30, 13.30–17, Sa/So 13.30 (bzw. Mai–Okt. 9) bis 17 Uhr | www.museenschwyz.ch*

VITZNAU [126 B5]

Der Ferienort am Fuße der Rigi ist ein wunderbarer Ausgangspunkt für Ausflüge. In nur einer halben Stunde fährt die erste Zahnradbahn Europas von Vitznau (435 m hoch) auf die Rigi (Rigi-Kulm 1752 m). Mit dem Schiff können Sie herrliche Rundfahrten auf dem Vierwaldstätter See machen. Und wer lieber zu Fuß unterwegs ist, kann an der fast drei km langen Seepromenade entspannt flanieren. Auskunft: *Tourist Information Vitznau | Tel. 04 13 98 00 35 | www.wvrt.ch*

ZUG [126 B4]

Auf dem Weg von Luzern nach Zürich durchquert man den Kanton *Zug*, der wegen seiner vielen Briefkastenfirmen und wegen des guten Kirschwassers berühmt ist. Wenn Sie Zeit haben, kehren Sie im Doppelrestaurant *Rathauskeller* ein: Im oberen Stock ist das Essen fein und teurer, die Umgebung gediegen, im Erdgeschoss werden Speisen aus derselben Küche serviert, nicht alle Menüs wie auf der Karte oben, dafür aber billiger (Bistroatmosphäre). *Ober-Altstadt 1 | So/Mo geschl. | Tel. 04 17 11 00 58 | www.rathauskeller.ch | €€–€€€*

Insider Tipp

> ZWISCHEN RHEINKNIE UND BODENSEE

Im Norden zeigt die Eidgenossenschaft bei weitem nicht überall ihren sonst so strahlenden Charme. Dennoch gibt es Reizvolles

> **Wer von Norden her in die Schweiz einreist, sollte nicht dem landläufigen Vorurteil anheimfallen, dass die Eidgenossenschaft erst mit Zürich beginnt.**
Auch der Norden hat charmante Ecken, besonders im östlichen Teil zwischen Bodensee und Zürichsee. Dort, wo sich das Appenzeller Land über liebliche Hügel erstreckt und die angrenzende Klosterstadt St. Gallen ihren Charme versprüht. Oder entlang des Rheins, wo man auf hübsche Kleinstädte wie Stein am Rhein trifft und den Fluss tosend über eine Felsstufe fallen sehen kann. Trotzdem beherrscht Zürich, die Metropole und heimliche Hauptstadt, fast die gesamte Nordschweiz. Mit einer Ausnahme: In Basel, am Rheinknie und im Dreiländereck zwischen Frankreich, Deutschland und der Schweiz, wird Wert darauf gelegt, nicht in einem Atemzug mit den „arroganten" Zürchern genannt zu werden.

Bild: Zürich, Rathausbrücke

BASEL/ZÜRICH
OSTSCHWEIZ

BASEL

 **KARTE
AUF SEITE 134**

[125 D2] Das Tor zur Schweiz kennen
viele nur vom Durch- oder Vorbeifahren.
Dabei gibt es eine Reihe von Gründen,
wenigstens einen Zwischenstopp einzu-
legen. Da Basel (190000 Ew.) eine
Universität hat, übrigens die älteste in
der Schweiz, gibt es viele junge
Leute, die das Stadtbild prägen. Die-

ses wirkt besonders in der Altstadt mit
ihrer Treppengasse und dem Spalentor noch malerisch mittelalterlich.
Man kann die Stadt von Erasmus,
Paracelsus und Holbein auf eigene
Faust entdecken, da an vielen Haus-
wänden kleine Erklärungsschilder auf
die lange Historie hinweisen. Beim
Verkehrsbüro erhalten Sie Informa-
tionsbroschüren. Allerdings werden
auch vor allem im Sommer verschiedene offizielle Rundgänge angeboten.

Auskunft erteilt das Verkehrsbüro. Baslerinnen und Basler stehen im Ruf, viel Wert auf Kultur zu legen, was sich allein schon darin

FONDATION BEYELER

Für alle Kunstliebhaber der klassischen Moderne ist die Sammlung von

Reich geschmückte Fassade: Basler Rathaus am Marktplatz

zeigt, dass sie sich 27 Museen leisten oder per Volksabstimmung zwei sündhaft teure Picassos angeschafft haben. Weiteres Indiz: Jedes Jahr im Juni findet hier die weltweit wichtigste internationale Kunstmesse, die *Art Basel*, statt *(www.art.ch)*. Ebenso wurde Basel ausgezeichnet für sein Bemühen, nicht nur alte Kulturgüter und Bauten zu erhalten (wie das spätgotische *Rathaus)*, sondern auch die moderne Architektur zu fördern und so für ein gelungenes Zusammenspiel von Alt und Neu zu sorgen. Es gibt einige ausgefallene Bauten berühmter Architekten in der Stadt.

Ernst Beyeler ein Muss. Aber auch Architekturfreaks kommen dank des wunderschönen Museumsbaus von Renzo Piano auf ihre Kosten. *Tgl. 10–18 Uhr, Mi bis 20 Uhr | Baselstr. 101 | Riehen | www.beyeler.com*

MÜNSTER

Mit ihrem Münsterturm hoch über der Stadt gelegen, beeindruckt die im Kern spätromanische Basilika vor allem wegen ihres reichen Skulpturenschmucks. Besonders bedeutend ist die Galluspforte mit Glücksrad am Querhaus aus dem Jahr 1180, die zu den schönsten Figurenportalen der

Schweiz zählt. Im linken Seitenschiff liegt Erasmus von Rotterdam in einem Sarkophag aus rotem Marmor begraben. *Ostern–Mitte Okt. Mo–Sa 10–17, So 11.30–17 Uhr, im Winter Mo–Sa 11–16, So 11.30–16 Uhr*

MUSEUM JEAN TINGUELY

Der 100. Geburtstag eines großen Chemiekonzerns und die Freundschaft des Konzernherrn mit dem Künstler machten es möglich, dass fünf Jahre nach Jean Tinguelys Tod zwischen dem Hauptsitz des Konzerns und der Autobahnbrücke ein Museum eröffnet wurde. In dem mit rosa Sandstein verblendeten 30-Mio.-Bau des Stararchitekten Mario Botta sind vor allem Maschinenskulpturen des verspielten Eisenplastikers zu bewundern. *Di–So 11–19 Uhr | Paul-Sacher-Anlage 1 | www.tinguely.ch*

ÖFFENTLICHE KUNSTSAMMLUNG ⭐

Die weltberühmte Sammlung ist in zwei Museen untergebracht: Das *Kunstmuseum* beherbergt Werkgruppen aus dem 15. und 16. Jh., u. a. auch von der Holbein-Familie oder von Lucas Cranach d. Ä., aber auch Seltenes aus dem 20. Jh. von Corinth, van Gogh, Klee, Braque, Picasso, Kandinsky, Kokoschka, Dalí, Max Ernst u. a. *(Di–So 10–19 Uhr | St.-Alban Graben 16)*. Die zeitgenössische Kunst seit den 1960ern ist im *Museum für Gegenwartskunst* zu sehen mit Werken u. a. von A. R. Penck oder Joseph Beuys. *Di–So 11–17 Uhr | St.-Alban-Rheinweg 60*

SPALENTOR

Zwei Rundtürme mit Zinnen schmücken das schönste Stadttor der Schweiz. Es befindet sich an der Straße *Spalenvorstadt* zwischen Holbein- und Petersplatz.

ZOLLI ⭐

Der weltberühmte Basler Zoo liegt am südwestlichen Rand des Innenstadtkerns, sieben Gehminuten vom

MARCO POLO HIGHLIGHTS

⭐ **Öffentliche Kunstsammlung Basel**
Werke von Cranach bis Beuys in zwei Häusern (Seite 79)

⭐ **Zolli**
Nicht nur die Kleinen lieben den Basler Tierpark (Seite 79)

⭐ **Kronenhalle**
Zürichs Traditionslokal ist einen Besuch wert (Seite 86)

⭐ **Aargauer Kunsthaus**
Ein Muss für Liebhaber neuerer Schweizer Kunst (Seite 89)

⭐ **Appenzell**
Wie im Bilderbuch: Schmucke Dörfer zu Füßen des Säntis (Seite 90)

⭐ **Stiftsbibliothek St. Gallen**
Der Barocksaal der Bibliothek ist der Höhepunkt des Klosterbezirks (Seite 92)

⭐ **Rheinfall von Schaffhausen**
Nach der Schneeschmelze ist das Naturschauspiel noch gewaltiger (Seite 92)

⭐ **Walensee**
Am Fuß der Steilwände wachsen Aprikosen und Wein (Seite 93)

Bahnhof entfernt. Auf 13 ha sind hier rund 4000 Tiere zu sehen. Im Kinderzoo dürfen die Kleinen sogar zu den Tieren ins Gehege, um sie zu füttern und zu streicheln. *Im Sommer tgl. 8–18.30, im Winter 8–17.30 Uhr | www.zoobasel.ch*

■ ESSEN & TRINKEN ■

Basler Spezialitäten gibt es, sieht man von der munter machenden Mehlsuppe zu Fasnacht ab, eigentlich nicht. Die meisten guten Restaurants sind in ihrer Küche deutlich vom nahen Elsass mit seinen viel gerühmten Köstlichkeiten beeinflusst.

AU VIOLON

Dieses Restaurant und Hotel war früher ein Gefängnis. Heute merken Sie nur noch an den Zimmern und den Toiletten, dass hier einmal Untersuchungshäftlinge untergebracht waren. Das Essen ist gut und preisgünstig, im Sommer sitzen Sie draußen unter Kastanienbäumen. *So/Mo geschl. | Im Lohnhof 4 | Tel. 06 12 69 87 11 | www.au-violon.com | €€*

 ### HIRSCHENECK ▶▶

Treffpunkt vornehmlich der alternativen Szene mit guter Stimmung und ebensolcher Küche. *Di–Sa ab 11, Mo ab 14, So ab 10 Uhr | Lindenberg 23 | Tel. 06 16 92 73 33 | €*

KUNSTHALLE-RESTAURANT

Genauso wie die Kunsthalle selbst (wechselnde Ausstellungen, nicht zu verwechseln mit dem Kunstmuseum!) ist auch deren Restaurant einen Besuch wert. Es bietet einen gediegenen und einen gemütlichen Teil. In der topmodernen Bar im

oberen Stockwerk werden exquisite Drinks zubereitet. *Steinenberg 7 | Tel. 06 12 72 42 33 | €€–€€€*

SPALENBURG

Schönes Altstadtrestaurant mit spanischer und Schweizer Küche. Besonders empfehlenswert sind die Tapas. *So mittags geschl. | Schnabelgasse 2 | Tel. 06 12 61 99 34 | €*

■ ÜBERNACHTEN ■

STADTHOF

Einfaches, gut geführtes Hotel mitten in der Stadt. Der Barfüsserplatz in unmittelbarer Nähe ist ein beliebter Treffpunkt der Jugend. *9 Zi. | Gerbergasse 84 | Tel. 06 12 61 87 11 | Fax 06 12 61 25 84 | www.stadthof.ch | €*

KUNST-HOTEL DER TEUFELHOF

Ein ungewöhnliches Haus, dessen eher karge Zimmer von verschiedenen Künstlern gestaltet sind. Das

Installation „Revolution" des Kubaners Diango Hernandez auf der Art Basel

„Kultur- und Gasthaus" mit Restaurant, Weinstube, Café und Bar bietet auch wechselnde Ausstellungen und Aufführungen. *29 Zi. | Leonhardsgraben 47–49 | Tel. 06 12 61 10 10 | Fax 06 12 61 10 04 | www.teufelhof. com | €€€*

MERIAN

Gepflegtes Hotel auf der sonnigen Seite des Rheins. Kinder bis 12 Jahre schlafen im Elternzimmer gratis. *63 Zi. | Rheingasse 2 | gebührenfreie Reservierung: Tel. 08 00 55 23 44 | www.hotel-merian.ch | €€*

■ AM ABEND

Theater und Ballett Basels sind international anerkannt und begeistern auch Kenner *(www.theater-basel.ch)*. Liebhaber moderner Musik kommen im *Gare du Nord,* dem ehemaligen Badischen Bahnhof, auf ihre Kosten *(Schwarzwaldallee 200)*. Im *Atlantis,*

genannt „*Tis*", dem ältesten Rockcafé der Schweiz *(Klosterberg 13)*, werden Livekonzerte gegeben. Gut ist auch das Programm des *Unternehmens Mitte*, eines ehemals alternativen, jetzt längst etablierten Zentrums *(Gerbergasse 30 | www.mitte.ch)*.

LE BAR ROUGE

Insider Tipp

Diese Bar ist im wörtlichen Sinn das Highlight der Stadt Basel: Vom 31. Stock des Messeturms genießen Sie eine traumhafte Sicht über Stadt und Umgebung – selbst aus den Fenstern der Toiletten! *Messeturm | Mo–Sa ab 17, So ab 20 Uhr | www.barrouge.ch*

GUNDELDINGER FELD

Auf dem riesigen Areal hat sich seit 2000 eine lebendige Kulturszene eingenistet. Vom Restaurant bis zum Theater finden Sie alles. *Dornacherstr. 192 | Tel. 06 13 33 70 70 | www.gundeldingerfeld.ch*

■ FÄHREN ■

Es wird beschaulich: Eine Besonderheit in Basel sind die vier Personenfähren, die ihre Passagiere nur mit der Kraft der Strömung über den Rhein bringen. Standorte für die winzigen Nachen, mit denen man für 1,60 Franken den Fluss überqueren kann, sind *Blumenrain, Münsterplatz* und *St.-Alban-Rheinweg* | *www.faehri.ch*

und Eurythmievorführungen oder Konzerte pro Jahr: In diesem bis heute noch futuristisch anmutenden Haus aus Sichtbeton (gebaut in den 1920ern!) hat die Anthroposophische Gesellschaft, 1913 vom Forscher Rudolf Steiner gegründet, ein Zentrum der Begegnung geschaffen. *Führungen Fr/Sa 14 Uhr | Tel. 06 17 06 44 44* | *www.goetheanum.org*

Rechte Winkel sind verpönt: der Große Saal des Goetheanums in Dornach

■ AUSKUNFT ■

Neben der *City-Information* im *Bahnhof SBB* gibt es außerdem ein *Verkehrsbüro* | *Barfüsserplatz* | *Tel. 06 12 68 68 68* | *Fax 06 12 68 68 70* | *www.basel.com*

■ ZIELE IN DER UMGEBUNG ■

GOETHEANUM DORNACH   [125 D2–3]

150 Tagungen, Kolloquien und Vorträge jährlich, dazu 200 Schauspiel-

SOLOTHURN   [125 D4]

Enge Gassen und eine großzügige Kathedrale prägen das Bild dieser schönen Barockstadt. Das kleine Städtchen an der grünen Aare ist eng liiert mit der Kultur: Hier finden jährlich die ▶▶ Literatur- und Filmtage statt. Im Restaurant und Hotel *Baseltor* speisen und schlafen Sie gut (*Hauptgasse 79 | Tel. 03 26 22 34 22 | Fax 03 26 22 18 79 | €*).

> *www.marcopolo.de/schweiz*

ZÜRICH

 KARTE IN DER HINTEREN UMSCHLAGKLAPPE

[126 B3] **Zürich gilt immer noch als Bankenplatz Nummer eins der Schweiz. In der Bahnhofstrasse und am Paradeplatz haben die großen Geldinstitute ihre Zentralen.** Die Stadt am Zürichsee, in der auf einer Fläche von 92 km² knapp 380000 Menschen leben, bietet auf kleinstem Raum viel Kultur und Natur.

Ein Gespür für den Puls der Stadt bekommt, wer seinen Besuch – vielleicht aus dem Haupteingang des Hauptbahnhofs tretend – mit einem Spaziergang durch die weltberühmte Bahnhofstrasse beginnt. Sie ist nicht irgendeine Einkaufsstraße in irgendeiner Metropole. Sie ist New Yorker Fifth Avenue, nur sehr viel überschaubarer; sie ist Pariser Rue du Faubourg-St.-Honoré, nur längst nicht so lang; sie ist Düsseldorfer Königsallee, nur zweimal so kostspielig. In der Zürcher Bahnhofstrasse bummelt man und kauft ein. Neben den Edelboutiquen gibt es Kaufhäuser, in denen Modebewusste durchaus Erschwingliches finden. Man stößt auf Schmuck und Uhren und selbstverständlich auf Sprüngli, wo man eine heiße Schokolade trinken und „Luxemburgerli" zum sofortigen Genuss kaufen kann.

Die Bahnhofstrasse führt in einem leichten Linksschwung über den stets quirligen Paradeplatz, den Knotenpunkt der für Zürich typischen und für den innerstädtischen Verkehr so praktischen Straßenbahnen, direkt an den Hauptlandungssteg des Zürichsees. Links und rechts des Sees gibt es Badeanstalten mit gepflegten Liegewiesen, auf denen man auch im Hochsommer immer noch ein kleines Plätzchen findet.

Doch zurück in die Stadt. Zwischen Bahnhofstrasse und der durch Zürich fließenden Limmat beginnt die Altstadt, die sich am anderen Ufer bis hinauf zum Zürichberg mit noch verwinkelteren Gassen fortsetzt. Dort gibt es viele schöne, alte Bürgerhäuser, gepflegte Antiquitätenläden, jede Menge Kneipen und die Kronenhalle, eine Zürcher Institution, in deren – gegen 18 Uhr restlos überfüllter und ab 20 Uhr wieder betretbarer – Bar das gut situierte Zürich seinen Apéro, den ersten Schluck Alkohol des Tages, zu nehmen scheint. Ausführliche Informationen finden Sie im MARCO POLO Band „Zürich".

■ SEHENSWERTES

CENTRE LE CORBUSIER/ HEIDI-WEBER-MUSEUM [0]

Einer der wenigen Bauten, die der berühmte Architekt in seinem Heimatland gebaut hat, dient heute als Ausstellungspavillon für moderne Kunst. Leider auf unbestimmte Zeit geschlossen; ein Blick von außen lohnt gleichwohl. *Höschgasse 8 | Ecke Bellerivestrasse | www.centrele corbusier.com*

FRAUMÜNSTER [U D5]

Die dreischiffige Pfeilerbasilika mit gotischem Langhaus ist vor allem wegen ihrer fünf prächtigen Glasfenster im spätromanischen Chor berühmt. Der Maler Marc Chagall schuf sie in den späten 1960er-Jahren. *Im Sommer 10–18, im Winter 10–16 Uhr | Münsterhof | www.fraumuenster.ch*

GRAFISCHE SAMMLUNG DER EIDGENÖSSISCHEN TECHNISCHEN HOCHSCHULE [U E3]

Die ETH besitzt die größte Sammlung druckgrafischer Werke der Schweiz. Die Arbeiten datieren vom 15. Jh. bis heute. In den historischen Räumen finden wechselnde Ausstellungen statt. *Mo–Fr 10–17, Mi 10–19 Uhr | Eintritt frei | Eingang Karl-Schmid-Strasse | www.gs.ethz.ch*

Insider Tipp HAUS KONSTRUKTIV [U B4]

Die Kunstrichtung der konstruktiven und konkreten Kunst ist eng mit Zürich verbunden. Im alten Elektrizitätswerk werden u.a. Werke von Max Bill, Camille Graeser, Verena Loewensberg und Richard Paul Lohse gezeigt. *Mi 12–20, Do/Fr 12–18, Sa/So 11–18 Uhr | Selnaustr. 25 | www.hauskonstruktiv.ch*

KUNSTHAUS [U E4–5]

Zürcher Malerei des 17./18. Jhs., darunter eine bedeutende Sammlung mit Werken von Johann Heinrich Füssli, nehmen breiten Raum ein. Das i-Tüpfelchen ist die umfangreiche Sammlung mit Werken des Schweizer Künstlers Alberto Giacometti. *Sa/So/Di 10–18 Uhr, Mi–Fr 10–20 Uhr | Heimplatz 1 | www.kunsthaus.ch*

Insider Tipp MASOALA-REGENWALDHALLE [0]

Unter einem transparenten Glasdach sprießt auf einer Fläche von 11 000 m^2 ein naturgetreues Abbild des Masoala-Regenwalds im Norden Madagaskars. Feucht-heiße Luft, der Gesang von tropischen Vögeln und das Gekreisch von Lemuren empfangen Sie in diesem kleinen Biotop, das zum Zürcher Zoo gehört. *März–Okt. tgl. 9–18, Nov.–Feb. 9–17 Uhr | Eintritt 22 Franken für den ganzen Zoo | Zürichbergstr. 221 | www.zoo.ch*

MUSEUM RIETBERG [0]

In der *Villa Wesendonck im Rieterpark* wird heute Kunst aus Vorder- und Hinterasien gezeigt. Mitte des 19. Jhs. war sie ein kulturelles Zentrum: Zeitgenossen wie Franz Liszt oder Johannes Brahms wohnten hier. *Di, Fr–So 10–17, Mi/Do 10–20 Uhr | Gablerstr. 15/Enge | www.rietberg.ch*

NEUMARKT/RINDERMARKT [U D–E4]

Urkundlich schon 1145 erwähnt, gehört die breite Gasse zu den besterhaltenen historischen Teilen Zürichs. Eine Gedenktafel am *Haus Neumarkt 27* weist darauf hin, dass hier am 19. Juli 1819 der Schriftsteller Gottfried Keller geboren wurde.

SCHWEIZERISCHES LANDESMUSEUM [U C1]

Seit seiner Renovierung ist das Landesmuseum ein Muss. Es gibt eine neue bemerkenswerte Dauerausstellung zur Geschichte der Schweiz. Auch ein originales Bundesratszimmer ist zu sehen. *Di/Mi, Fr–So 10 bis 17, Do 10–19 Uhr | Museumstrasse 2*

STÄDTISCHE SUKKULENTENSAMMLUNG [0] Insi Tip

Kakteen, Agaven, Aloe und weitere Sukkulenten (Wüsten- und Tropenpflanzen): Mit mehr als 25 000 Pflanzen hat Zürich eine der bedeutendsten Sammlungen der Welt. *Tgl. 9–16.30 Uhr | Eintritt frei | Pflanzenberatung: Tel. 04 33 44 34 80 | Mythenquai 88 | beim Strandbad*

THOMAS-MANN-ARCHIV [U E3]

In zwei Räumen des 1664 erbauten Hauses „Zum oberen Schönenberg", die Thomas Mann während seines Exils in der Schweiz als Arbeitszimmer und Bibliothek nutzte, können heute Dokumente aus dem Nachlass des 1955 verstorbenen Literatur-Nobelpreisträgers besichtigt werden. *Mi und Sa 14–16 Uhr | Führungen nach Vereinbarung | Tel. 04 46 32 40 45 | Schönberggasse 15*

WEINPLATZ [U D4]

Am Altstadtplatz liegt das traditionelle Hotel *Storchen*: Hier hat schon der Naturforscher Paracelsus übernachtet.

■ ESSEN & TRINKEN

Wer in Zürich essen gehen will, findet eine große Auswahl – in dieser brodelnden Stadt steht der Wechsel in der gastronomischen Szene für Beständigkeit. Oder, wie es der bekannte Gastrokritiker Beat Wüthrich formuliert: „Da läuft was; da übernimmt einer ein Lokal und, schwuppdiwupp, nach einem Monat, ist ihm alles bereits wieder verleidet ..." Wirklich beständig sind in Zürich nur die Preise – Essen gehen ist hier ein teures Vergnügen. Wenn nicht anders angegeben, kann man in den Restaurants mittags 12–15 Uhr und abends 18–23 Uhr warm essen.

ALPENROSE [O]

In dieser ehemaligen Arbeiterbeiz im Kreis 5 wird die beste Schweizer Küche der Stadt serviert. Original Jugendstilinterieur, die Bedienung ist freundlich und sehr kompetent. *Mo geschl., Sa/So erst ab 18.30 Uhr | Fabrikstr. 12 | Tel. 04 42 71 39 19 | €€*

Schweizer Regenwald: die Masoala-Halle im Zürcher Zoo

CAFÉ SCHOBER [U D4]

Das legendäre Kaffeehaus ist zu neuem Leben erwacht. Michel Péclard bringt französische Patisserie-Tradition nach Zürich. Es gibt auch „Flammekueche". *Mo/Di 8–19, Mi–Sa 8–23, So 9–19 Uhr | Napfgasse 4 | Tel. 04 42 51 51 50 | €€*

CAFÉ ZÄHRINGER ▶▶ [U D3]

Faire Preise, faire Produkte: In der Genossenschaftsbeiz ist das Essen günstig und gut (kein Verzehrzwang). Viele Gerichte kosten unter 20 Franken. *Mo erst ab 18 Uhr | Zähringerplatz 11 | Tel. 04 42 52 05 00 | www.cafe-zaehringer.ch | €*

▶LOW BUDGET

> Basel: Jeden 1. So im Monat zahlen Sie in vielen Museen keinen Eintritt, so im Kunstmuseum, im Museum für Gegenwartskunst, im Haus zum Kirschgarten und im Museum der Kulturen. Immer frei ist der Eintritt im Jüdischen Museum: *Kornhausgasse 8 | Tel. 06 12 61 95 14 | Mo/Mi 14-17, So 11–17 Uhr | www.juedisches-museum.ch*

> Zürich: Der billigste und schönste Flohmarkt der Stadt befindet sich auf dem Kanzlei-Areal beim Helvetiaplatz. *Jeden Sa | April–Okt. | www.flohmarktkanzlei.ch*

> Zürich: Im Schauspielhaus zahlen Sie montags auf allen Plätzen nur 30 Franken. *Karten: Tel. 04 42 58 77 77 | www.schauspielhaus.ch*

> Zürich: Einmal wöchentlich (*Do 17–20 Uhr*) freier Eintritt im Museum für Gegenwartskunst. *Limmatstrasse 270 | www.migrosmuseum.ch*

CAFÉ SPRÜNGLI

Eine Zürcher Institution. Schleckermäuler kommen um diesen Tea-Room im Stil der 1950er-Jahre nicht herum. *Tgl. | Paradeplatz | Tel. 04 42 24 47 31 | www.spruengli.ch*

HELVETIA 🔊 [U A3]

Im Restaurant mit schöner Terrasse werden Schweizer Spezialitäten serviert. Die Köchin Chantal Wicki ist eine Meisterin. Zum Restaurant mit der Bar *Helvti* im Parterre gehört auch ein Hotel. *Tgl. | Stauffacherquai 1 | Tel. 04 42 97 99 99 | €€*

KRONENHALLE ★ [U E5]

Nach wie vor ist die Kronenhalle *die* Institution in Zürich: Noch immer hängen die Originale von Chagall bis Picasso an den Wänden. Und noch immer bekommen Sie hier ein Wiener Schnitzel mit Rösti zum Niederknien. *Tgl. | Rämistr. 4 | Tel. 04 42 62 99 00 | €€€*

RIO BAR ▶▶ 🔊 [U B2] Insider Tipp

Ein wunderbarer Ort zum Verweilen, unweit der Bahnhofstrasse, direkt an der Sihl gelegen. Im Sommer sitzen Sie unter schattigen Platanen. Feine Sandwiches, guter Kaffee, exzellentes Bier. *Mo–Fr 7–24, Sa 9–24, So 10 bis 22 Uhr | Gessnerallee 17 | Tel. 04 32 44 09 09 | €*

VOLKSHAUS ▶▶ [U B2] Insider Tipp

In der riesigen Halle, eingerichtet im Pariser Chic, gibt es eine Bar, ein Café und ein Restaurant mit marktfrischer Bioküche. Hier ist immer etwas los. Also: unbedingt hingehen. *Tgl. | Stauffacherstrasse 60 | Tel. 044 24 11 55 | €€*

VORDERER STERNEN [U E5]

Traditionelle Gerichte wie Aargauer *Mistchratzerli* (Hähnchen) mit Rosmarinbutter. Beim dazugehörigen Sterngrill (bekanntester Wurststand Zürichs) gibt's Bratwurst. *Tgl. | Theaterstr. 22 | Tel. 04 42 51 49 49 | €–€€*

■ EINKAUFEN

Selbstredend ist Zürich ein hervorragendes Shopping-Revier. In der

SCHWEIZER HEIMATWERK

Insider Tipp

Kunsthandwerk auf hohem Niveau aus der ganzen Schweiz: u.a. Kuhglocken, Sennerkutten, Taschenmesser. *Filialen: Bahnhofstr. 2 | Rennweg 14 | Rudolf-Brun-Brücke*

■ ÜBERNACHTEN

GREULICH [0]

Sehr schönes, ruhiges Designhotel im lebendigen Stadtteil Aussersihl. Mit

Das Sprüngli gehört zu Zürich wie die Kuhglocken zur Alm

Bahnhofstrasse und der angrenzenden Altstadt bekommt der Stadtbummler alles – wenn er über das nötige Kleingeld verfügt ...

FLOH- UND SPEZIALITÄTENMARKT [U D3]

Von April–Okt. immer Sa 7–15 Uhr auf dem *Bürkliplatz.* Außerdem Ende März–Anfang Dez. Do und Sa 10–21 Uhr auf dem *Rosenhof.*

schönem Birkenhain im Garten. *18 Zi. | Herman Greulich-Str. 56 | Tel. 04 32 43 42 43 | Fax 04 32 43 42 00 | www.greulich.ch | €€€*

OTTER 🔊 [U E5]

Jung und hip: mitten in der Altstadt mit trendiger Bar. *17 Zi., 1 App. | Oberdorfstr. 7 | Tel. 04 42 51 22 07 | Fax 04 42 51 22 75 | www.wueste.ch | €*

JUGENDHERBERGE 🌊 [0]

Ruhige Lage unweit des Sees. Das Essen ist günstig: Mittags und abends gibt es Hauptgang, Nachspeise und Getränk für 17 Franken. *Mutschellenstr. 114 | Tel. 04 33 99 78 00 | Fax 04 33 99 78 01 | www.youthhostel.ch*

ROTHAUS 🌊

Wem das lärmige Treiben rund um die Uhr im „Chreis Cheib" *(Kreis 4)* nichts ausmacht, wird sich in diesem komplett renovierten, seriösen Hotel sehr wohl fühlen. Die schönsten Zimmer befinden sich im 5. Stock. Unbedingt reservieren! *43 Zi. | Sihlhallenstr. 1 | Tel. 04 33 22 10 50 | Fax 04 33 22 10 58 | www.hotelrothaus. ch | €*

ZÜRICHBERG 🌿🌊 [0]

Von diesem hoch über Zürich am Waldrand gelegenen Hotel genießen Sie einen tollen Blick auf Stadt, See und Berge. *66 Zi. | Orellistr. 21 | Tel. 04 42 68 35 35 | Fax 04 42 68 35 45 | www.zuerichberg.ch | €€€*

■ AM ABEND

CABARET VOLTAIRE [D4]

Die Kunstbewegung Dada ist nach rund 90 Jahren wieder an ihren Geburtsort in Zürich zurückgekehrt. Im altehrwürdigen, zweistöckigen Kulturraum wird das entsprechende Programm dazu geboten. Es gibt auch eine Cafébar. *Mo geschl. | Spiegelgasse 1 | Tel. 04 32 68 57 20 | www. cabaretvoltaire.ch*

❯ BÜCHER & FILME

Wenn Schweizer sich selbst aufs Korn nehmen

❯ **Hunkeler und der Fall Livius** – Hansjörg Schneiders Kriminalromane erzählen vom Alltag der Schweiz und des raubeinigen Kommissärs Hunkeler, von seinen Kollegen „Hunki" genannt. Die Krimis, die in Basel spielen, wurden auch verfilmt.

❯ **Briefe aus Feuerland** – Die Journalistin und Schriftstellerin Laure Wyss reflektiert hier über das Verhältnis der Schweiz zu Europa und versucht dabei, die Schweiz mit fremden Augen zu betrachten.

❯ **Die Schweiz in einem Buch** – Für Kinder und Jugendliche. Elisabeth Alli erklärt in dem 2007 erschienenen Buch, warum die Schweiz 26 Kantone und vier Sprachen hat. Von derselben Autorin ist auch erschienen: „Das Matterhorn in einem Buch".

❯ **Die Schweizermacher** – Genialer Klassiker von 1978 (Regie: Rolf Lyssy). In der satirischen Komödie geht es ums Schweizer werden und Schweizer sein. Mit Emil Steinberger und Walo Lüönd in den Hauptrollen.

❯ **Die Herbstzeitlosen** – Ein Schweizer Publikumshit aus dem Jahr 2006: Die 80-jährige Mutter des Dorfpfarrers hat sich in den Kopf gesetzt, eine Lingerie-Boutique auf dem Land zu eröffnen.

❯ **Mais im Bundeshuus** – Dokumentarfilm aus dem Jahr 2003: Im Zentrum stehen Mitglieder einer parlamentarischen Kommission, die ein Gentechnik-Gesetz entwerfen sollen. Ein Blick hinter die Kulissen des Bundeshauses – selten hat man so viele Leute im Kino lachen hören!

KINO

Es gibt fast 40 Kinos in der Stadt. Die meisten Filme laufen in der Originalversion mit Untertiteln. Die Zürcher Tageszeitungen bringen eine tägliche Programmübersicht.

NIEDERDORF

Bei einem Bummel durch die rechtsufrige Altstadt treffen Sie auf viele Kneipen, Clubs und Straßenmusiker.

THEATER

Im Dreieck zwischen den drei großen Bühnen *(Schauspielhaus* mit altem Spielort beim Kunsthaus und dem *Schiffbau* im Industriequartier, *Oper* und *Tonhalle)* gibt es eine reiche Bühnenlandschaft. Aktuelle Infos holen Sie sich am besten im „züritipp", der Donnerstagsbeilage des „Tages-Anzeigers". Zentraler Vorverkauf: *Billettzentrale Zürich | Bahnhofstr. 9 | Tel. 04 42 21 22 83.*

Die wichtigsten Adressen: *Opernhaus | Falkenstr. 1 | Billetkasse Tel. 04 42 68 66 66 | Schauspielhaus | Rämistr. 34 | Schiffbau | Schiffbaustr. 4 | für beide: Tel. 04 42 58 77 77 | Tonhalle | Claridenstr. 7 | Tel. 04 42 06 34 34*

◼ AUSKUNFT ◼

ZÜRICH TOURISMUS

Verkehrsbüro im Gebäude des Hauptbahnhofs, Nordseite Bahnhofshalle | Tel. 04 42 15 40 00 | Hotelreservation Tel. 04 42 15 40 40 | www.zuerich.com

◼ ZIELE IN DER UMGEBUNG ◼

AARGAU   [125 F2]

Der Kanton Aargau, zwischen den Kantonen Basel und Zürich gelegen, kommt in den meisten Reiseführern zu kurz. Dabei hat diese Region sehr viel zu bieten – zum Beispiel Schlösser. Erwähnenswert sind das Wasserschloss *Hallwyl* in Seengen und *Schloss Wildegg* in Möriken-Wildegg. Besonders empfehlenswert ist ein Besuch des ★ *Aargauer Kunsthauses* in Aarau (50 km westlich von

Die Kuh schaut zu: Zürich am Abend

Zürich). Es beherbergt eine der wichtigsten und umfassendsten Sammlungen neuerer Schweizer Kunst vom ausgehenden 18. Jh. bis in die Gegenwart – u.a. Cuno Amiet, Louis Soutter und Verena Loewensberg. Mit dem 2003 eröffneten Erweiterungsbau der Basler Architekten Herzog & de Meuron wurde die Ausstellungsfläche verdoppelt *(Di–So 10–17, Do 10–20 Uhr | Aargauerplatz | Tel. 06 18 35 23 30)*. Näher an Zürich liegt das Städtchen *Baden*. In einer Viertelstunde sind Sie mit dem Schnellzug im Kurort mit jahrhundertelanger Tradition. Jedes zweite Jahr findet hier das große Animationsfilmfestival ▶▶ *Fantoche (www.fantoche.ch)* statt. Das Badener *Museum Langmatt* beherbergt eine großartige Sammlung impressionistischer Malerei *(März bis Nov. Di–Fr 14–17, Sa/So 11–17 Uhr | Römerstr. 30)*.

APPENZELL ★ [127 D3]

Das Appenzeller Land zählt zu den besonders schönen Ecken der Schweiz. Die hügelige Landschaft mit ihren typischen Streusiedlungen, die herausgeputzten Dörfer und der alles überragende Alpstein mit dem berühmten Säntis lohnen einen Abstecher. Besonders Appenzell selber mit seinem Ortsbild, das aus der Zeit nach dem großen Brand im Jahr 1560 stammt, ist einen Halt wert. Die bunt bemalten Holzhäuser mit ihren geschweiften Giebeln verleihen der Hauptgasse einen besonderen Charakter. Auch der *Landsgemeindeplatz* mit der alten Gerichtslinde in der Mitte ist von Holzhäusern umgeben. Die Lage Appenzells hat es mit sich gebracht, dass es weder durch Autobahnen noch durch Gleise der Schweizer Bundesbahnen erschlossen ist. Deshalb fahren pittoreske Privatbahnen auf Schmalspur durch die Landschaft.

Für einen Ausflug ins Appenzeller Land empfiehlt sich besonders die folgende Route: Man fährt mit der Eisenbahn in zehn Minuten von St. Gallen nach Gossau, steigt dann in die Appenzeller Bahn um, die 45

Das hügelige Appenzellerland mit seiner typischen Alpenkette

Minuten bis nach Appenzell, dem Hauptort des Kantons Appenzell-Innerrhoden, braucht. Dort führt ein Höhenwanderweg nach *Gais* (zwei Stunden bei normalem Tempo). Schließlich fährt die ❆ Gaiser Zahnradbahn durch eine malerische Landschaft mit wunderschönen Ausblicken in 45 Minuten wieder hinunter nach St. Gallen.

BODENSEE [127 D–E 1–2]

Auch auf Schweizer Seite ist der Bodensee mit seiner weißen Flotte von Ausflugsdampfern ein beliebtes Tagesziel. Auskunft über Fahrpläne, Preise und Sonderfahrten mit Musik gibt die *Schweizer Schifffahrtsgesellschaft Untersee und Rhein* in *Schaffhausen (Freier Platz 7 | Tel. 05 26 34 08 88 | www.urh.ch)*. Direkt am See liegt der Ort *Romanshorn* mit seinem 1200 Jahre alten *Schloss)*.

Jeweils im Sommer gibt es spannende Kulturführungen durch das schöne Städtchen. Auskünfte erhalten Sie bei der *Tourist Information (Tel. 07 14 63 32 32)*. Vor dem Ortseingang (von St. Gallen aus) geht es rechts ab zum Anleger der Fähre, die im Stundentakt das schweizerische Romanshorn mit dem deutschen Friedrichshafen verbindet. In den Kiosken am See bekommen Sie eine nützliche „Bodensee Uferbeschreibung", in der jeder Ort entlang des Sees mit seinen Sehenswürdigkeiten erwähnt ist. Ausführlich berichtet der MARCO POLO Band „Bodensee".

EINSIEDELN [126 B4]

Der kleine Ort in der voralpinen Zentralschweiz ist durch sein berühmtes Benediktinerkloster *Maria Einsiedeln* eine Wallfahrtstätte und ein wichtiges religiöses Zentrum geworden. Das gewaltige Klosterviereck, erbaut 1704–1780 nach Plänen des Klosterbruders Kaspar Moosbrugger, ist der größte und zugleich geschlossenste Barockbau der Schweiz. Die herrlichen Fresken der Kirche stammen von den Brüdern Asam.

HIRZELHÖHE ❆ [126 B4] Insider Tipp

Bei *Wädenswil*, in dessen Schloss sich die Eidgenössische Versuchsanstalt für Garten-, Obst- und Weinbau befindet, erstreckt sich die Zimmerbergkette. Ihren höchsten Punkt, die *Hirzelhöhe*, erreichen Sie von dem Dorf *Hirzel* an der Straße von Wädenswil nach Sihlbrugg. Bei guter Fernsicht haben Sie einen phänomenalen Blick über den Zürichsee auf der einen sowie den Zuger und Vierwaldstätter See auf der anderen Seite.

Zu Recht weltberühmt ist der prächtige Barocksaal der St. Galler Stiftsbibliothek

schen Charakter bewahrt. In der ★ *Stiftsbibliothek*, dem schönsten Barocksaal der Schweiz, lagern 170 000 Handschriften, Frühdrucke und Bücher von weltweiter Bedeutung und unermesslichem Wert. Wie der gesamte Stiftsbezirk steht die Bibliothek auf der UNESCO-Welterbe-Liste. Bekannt ist St. Gallen auch durch seine Hochschule mit wirtschaftswissenschaftlicher Ausrichtung. Zur Einkehr empfiehlt sich die *Weinstube Bäumli (So/Mo geschl. | Schmiedgasse 18 | Tel. 07 12 22 11 74 | €€€)*. Angenehm und ruhig wohnen Sie in der Altstadt im ⟩ *Hotel Einstein (113 Zi. | Berneggstr. 2 | Tel. 07 12 27 55 55 | Fax 07 12 27 55 77 | €€€)*. Als Mitbringsel bieten sich neben dem St. Galler Biber, einem Marzipan-Lebkuchen, auch edle St. Galler Stoffe an, die Sie bei *Jakob Schlaepfer Bambola (Fürstenlandstr. 99)* bekommen. Auskunft: *Tourist Information | Bahnhofsplatz 1a | Tel. 07 12 27 37 37 | www.st.gallen-bodensee.ch*

ST. GALLEN [127 D3]

🔲 **KARTE AUF SEITE 136**

Na klar, die Bratwurst! Die Entstehung der Stadt, Zentrum der Ostschweiz, geht auf die Klostergründung des heiligen Gallus im Jahr 612 zurück. Sie ist über die Grenzen vor allem wegen der typischen Kalbsbratwurst bekannt, die hier mit einer pikanten Zwiebelsoße und Rösti serviert wird. Doch die Stadt hat viel mehr zu bieten. Die Altstadt, die direkt an den Klosterbezirk mit der zweitürmigen *Stiftskirche St. Gallus und Otmar* aus dem 18. Jh. anschließt, hat teilweise ihren spätgoti-

SCHAFFHAUSEN/RHEINFALL [126 B1–2]

Die Industriegebiete am Stadtrand sollten Sie nicht von einem Besuch abhalten, denn in der Altstadt gibt es viele hübsch verzierte Häuser und Plätze mit alten Brunnen. Schaffhausen war früh, schon vor dem 12. Jh., Handelsplatz, weil die Flussschiffer ihre Waren hier anlanden mussten, um sie auf Wagen am Rheinfall vorbeizutransportieren. Der weltbekannte ★ *Rheinfall* von Schaffhausen stürzt am Westende der Rheinschleife um den Vorort Neuhausen auf 150 m Breite bis zu 20 m in die Tiefe. 3 km vom Rheinfall flussaufwärts gibt es einen Wallfahrtsort für Feinschmecker: das *Hotelrestaurant Fischerzunft*, in dem Küchenchef André Jaeger für höchste Qualität bürgt *(10 Zi. | Rheinquai 8 | Tel. 05 26 32 05 05 | Hotel und Restaurant €€€).*

TOGGENBURG [127 D3–4]

Das Toggenburg ist nur eine Autostunde von Zürich entfernt, und doch liegt die schönee voralpine Region abseits der großen Tourismusströme – gut versteckt hinter den sieben Bergen. Damit sind die sieben Zacken der *Churfirsten* gemeint, neben dem Säntis das Wahrzeichen der Region. Im Sommer ist die Gegend ein herrliches Wander- und Bikerrevier, im Winter ist Skifahren angesagt. Auf dem *Toggenburger Sagenweg* können Sie eine fünfstündige Wanderung durch die Welt der Mythen unternehmen. Start ist bei Alt St. Johann auf der Selamatt. Auskunft: *Toggenburg Tourismus |*

Hauptstrasse | 9658 Wildhaus | Tel. 07 19 99 99 11 | www.toggenburg.ch

WALENSEE ⭐ [127 D4]

Der 15 km lange und 2 km breite See ist wegen seiner Nordflanke sehenswert. Dort fällt die Gebirgskette der Churfirsten mit bis zu 1000 m hohen Steilwänden gleichsam ins Wasser. Die Orte am Nordufer sind nur per Schiff zu erreichen. Auskunft über Fahrpläne: *Tourismus Büro* in Walenstadt *(Seestr. 60 | Fax 08 17 35 22 22).*

WINTERTHUR [126 B2–3]

Auf 94 000 Einwohner kommen hier stolze 18 Museen, die vor allem Kunstliebhaber anziehen. Eine wichtige Anlaufstelle für die Fotografie in Europa ist das in einer ehemaligen Fabrik untergebrachte Fotomuseum Winterthur. *Di–So 11–18, Mi 11-20 Uhr | Grüzenstr. 44/45 | www.fotomuseum.ch*

Insider ipp

So aufgewühlt sieht man den Rhein selten: Rheinfall bei Schaffhausen

> DIE SCHWEIZ IST VELOLAND

Wer es sportlich mag, erkundet mit dem Rad die grandiose
Berglandschaft– es geht aber auch mit Bus, Bahn oder Auto

Die Touren sind auf dem hinteren Umschlag und im Reiseatlas grün markiert

1 VELOLAND SCHWEIZ: DIE JURA-ROUTE

Diese Tour führt von Basel bis Nyon
am Genfer See über die Hochebenen
des Jura entlang der französischen
Grenze. Sie begegnen wilden Pferde-
herden und genießen grandiose Ausblicke.
Das Mittelland liegt Ihnen zu Füßen, das
sich zwischen dem Jura und den Alpen
vom Bodensee bis zum Genfer See erstreckt.
Der Blick auf den Alpenkranz ist über-
wältigend, diese Kette der schnee- und
eisbedeckten Viertausender, aus denen –
vom Jura her gesehen – das berühmte
Dreigestirn Eiger, Mönch und Jungfrau
herausragt. Das breite Angebot öffentlicher
Verkehrsmittel lässt alle Optionen offen:
Man kommt mit Bahn und Bus praktisch
überallhin, kann die Tour also an beliebigen
Orten beginnen und beenden. Von St.
Ursanne nach Nyon brauchen Sie 2–7 Tage,
je nach Tempo und Routenwahl. Länge:
200–300 km.

Bild: St. Ursanne am Fluss Doubs

AUSFLÜGE & TOUREN

Fahren Sie mit der Bahn über **Delémont**, die Hauptstadt des Kantons Jura, nach **St. Ursanne**, einem mittelalterlichen Städtchen am Lauf des Grenzflusses Doubs. Gleich zu Beginn erwartet Sie eine der wenigen happigen Steigungen. Die Belohnung folgt sogleich, finden Sie sich doch auf der für den Jura typischen Hochebene wieder, den sogenannten Freibergen, wo sich karges Weideland, Baumgruppen und Waldstücke mit gigantischen Schirmtannen zu einem der schönsten Landschaftsbilder der Schweiz formieren. Sie gelangen leicht bis **Saignelégier**, das für seine Tradition und die Zucht der robusten Freiberger Pferde berühmt ist. Wer müde Beine hat, kann sich im kollektiv geführten *Café du Soleil (Tel. 03 29 51 16 88 | www.cafe-du-soleil. ch | €)* ausruhen, wo sieben schön renovierte Zimmer und im Anbau 14 weitere zum Übernachten einladen.

Insider Tipp

Am nächsten Tag führt der Weg vorbei am idyllischen Étang de la Gruère, einem Moorsee in einem nordisch anmutenden Naturschutzgebiet. Ein Bad im seifigen Moorwasser ist zwar nicht die Sache von Sauberkeitsfanatikern, aber ungewöhnlich und gesund! Über den Mont Crosin mit seinen Windturbinen erreichen Sie den Mont Soleil über St. Imier, wo das größte Sonnenkraftwerk der Schweiz arbeitet. Das örtliche Sporthotel hat schon bessere Zeiten gesehen, aber dafür ist die Aussicht beim Frühstück auf der 🌿 Terrasse grandios.

Von La Chaux-de-Fonds *(S. 37)* aus können Sie mit dem Zug bis Les Ponts-de-Martel fahren und die Tour am nächsten Tag durch eine zauberhafte Hochmoorlandschaft fortsetzen. Vorbei an einsamen Höfen und den staunenden Straußen einer Farm, erreichen Sie nach einer tollen Schussfahrt das Val de Travers, ein dicht besiedeltes und wasserreiches Tal. Dort können Sie sich im hübschen Schwimmbad bei Boveresse eine willkommene Abkühlung gönnen oder im Bezirkshauptort *Môtiers* das Wohnhaus besichtigen, in das sich der Naturphilosoph Jean-Jacques Rousseau zurückzog.

Insider Tipp

Die nächste Etappe rund um die imposante Erhebung Aiguille de Baulmes bis Lignerolle ist landschaftlich ebenso reizvoll. Das gilt aber kaum für das Stück bis Vallorbe, für die Steigung bis zum Lac de Joux auf etwa 1000 m über dem Meer nehmen Sie bequem den Zug. Dort präsentiert sich dann entlang des Sees eine grandiose Landschaft. In diesem abgeschiedenen Tal mit seiner klaren Luft hat sich bis heute die Präzisionsuhrenherstellung halten können. In Le Brassus warten

gemütliche Hotels, und wer nach ungestörter Ruhe die 300 m auf den Mont de Bière nicht scheut, wird belohnt mit einer Fahrt durch den Parc jurassien vaudois, eine naturnahe Kulturlandschaft mit Mooren, Karstfelsen, Dolinen und Hunderten von Kühen. Schließlich folgt die Abfahrt durch hübsche Weinbauerndörfer am Abhang zum Genfer See bis Nyon, wo Sie als Zückerchen noch das Schiff Richtung Genf oder Lausanne via Evian auf der französischen Seite nehmen können.

2 ALPENWASSER: WELLNESS IN VERSCHIEDENEN BÄDERN

🚗 **Die Alpen bringen gesunde und sehr mineralhaltige Wasser hervor, die schon die Römer nutzten. Entsprechend ist über die Schweiz verstreut eine Vielzahl von Thermalbädern zu finden, die sich im Zug des Wellnesstrends und großartiger Lage regen Zulaufs erfreuen. Exemplarisch soll dies auf einer Route von der Nordgrenze zum Südostzipfel der Schweiz dargestellt werden. Die Route kann mit dem Auto, aber auch sehr gut mit öffentlichen Verkehrsmitteln in Angriff genommen werden. Länge: 300 km, Zeitbedarf: nach Lust und Laune.**

Wenn Sie aus Deutschland bei Waldshut in die Schweiz kommen, stoßen Sie kurz hinter der Grenze auf das erste Bad: das Glaubersalzbad von Zurzach, dessen 39 Grad warme Quelle man erst in den 1950ern anzapfte. Auf dem Weg Richtung Zürich treffen Sie auf das Kurstädtchen Baden, das eine 2000-jährige Bädergeschichte aufweist. Seine 19 Quellen gelten als die mineralreichsten der Schweiz.

> *www.marcopolo.de/schweiz*

Vom reichen Wasserhaushalt des Alpenlands zeugen auch die vielen Seen. Dem langen **Zürichsee** folgt der ebenso schmale **Walensee** *(S. 93)*, eingezwängt zwischen zwei Bergmassiven: imposant auf der linken Seite die **Churfirsten**, sieben steil in den Himmel ragende Felsklötze, gefolgt vom nicht weniger markanten **Alviermassiv**. Schnurgerade führen Autobahn und Bahn in die sogenannte Bündner Herrschaft, einen Teil des oberen Rheintals, das durch mildes Klima geprägt ist und ebenso milde Blauburgunderweine hervorbringt. Dort liegt das nächste Ziel: **Bad Ragaz**. In der **Taminaschlucht** südlich von Ragaz entdeckte man 1242 die heilenden Wasser. Ragaz hat sich dank anspruchsvoller Hotellerie, Golf- und Flugplatz sowie reicher Möglichkeiten im Sommer wie im Winter den Ruf einer noblen Erholungsoase erworben. Lassen Sie dann wiederum eine Hauptstadt – **Chur** *(S. 63)* – links liegen und folgen Sie zwischen Reichenau und Ilanz der **Rheinschlucht**, einem grandiosen Cañon von seltener Schönheit. Am Ende eines Seitentals erreichen Sie *Vals,* eine der wenigen deutschsprachigen Ortschaften inmitten des Teils der Schweiz, in dem die vierte Landessprache, Rätoromanisch, gesprochen wird. Der Ort hat dank seines Thermalbads Schlagzeilen gemacht. Realisiert wurde es vom einheimischen Stararchitekten Peter Zumthor, der es mit flachen Valser Quarzitplatten sozusagen aufschichtete – derselbe Stein, mit dem auch die Valser Hausdächer gedeckt sind. Entstanden ist ein architektonischer Wallfahrtsort, der mit seiner noblen Schlichtheit die Sinne betört.

Insider Tipp

Wellness mit toller Aussicht:
Mineralbad in Bad Scuol

Zurück im Rheintal, biegen Sie bei Reichenau in Richtung Engadin ab und folgen dem Landwasser via **Davos** *(S. 65)* und dem Flüelapass nach Susch oder mit der Rhätischen Bahn der Landquart nach Klosters und sind dank des Vereinatunnels schnell im Unterengadin. In **Scuol** – oder **Schuls** – befindet sich eines der schönsten Bäder. Im Außenbassin schaut man im Herbst durch die gelben Lärchen auf die schon schneebedeckten Berge gegenüber, und das alles im berühmten, gleißenden Engadiner Licht, das den Himmel tiefblau erscheinen lässt.

EIN TAG IN BASEL

Action pur und einmalige Erlebnisse.
Gehen Sie auf Tour mit unserem Szene-Scout

TROTTIBIKE-ACTION

8:30

Actiontour in die Basler Berge! Mit der Luftseilbahn hinauf auf die Jurahöhen. Talwärts geht es
dann auf dem Trottibike, einem geländetauglichen Tretroller in
XXL. Mehr als 4 km lang ist die Serpentinen-Strecke, die wie
gemacht ist für kurvige Action! **WO?** *Luftseilbahn Reigoldswil-
Wasserfallen, Reigoldswil* | Tel. 06 19 41 18 20 | Kosten: 23,80
Franken | www.wasserfallenbahn.ch

11:30

ART LUNCH

Kunst beruhigt? Fehlanzeige im *Museum Tinguely*:
Es rattert, quietscht und blinkt an jeder Ecke! Mit
kinetischen Werken revolutionierte der in Basel aufgewachsene
Jean Tinguely in den 50ern und 60ern den statischen Kunstbetrieb.
Lunch gibt's im Museumsrestaurant *Chez Jeannot*. **WO?** *Paul-
Sacher-Anlage 1* | Tel. 06 16 88 94 58 | www.tinguely.ch

BASLER RIVIERA

13:00

Satt gesehen und gegessen? Ab ins Wasser!
Vom Tinguely-Museum sind es nur ein paar
Schritte zum Einstieg auf den badetauglichen Rhein. Die
Klamotten kommen ganz einfach in einen wasserdichten
Schwimmsack, danach geht's treibend flussabwärts. Nach 20
Minuten bzw. der zweiten Brücke unbedingt Ausschau halten
nach dem Ausstieg auf der rechten Flussseite, sonst landet man
noch in der Nordsee! **WO?** *Schwimmsack vorab kaufen an der
Tourist Information im Stadt-Casino am Barfüsserplatz oder im
Bahnhof SBB* | Kosten: 20 Franken | www.baseltourismus.ch

14:00

KEIN PAPIERSTAU

Garantiert druckfest! Die Basler *Papiermühle* im
St. Alban-Tal, das Schweizer Museum für Druck
und Papier, ist ein Geheimtipp. Hinter mittelalterlichen Mauern
darf man sogar selbst Papier schöpfen – zum Beispiel ein Diplom
auf den eigenen Namen! **WO?** *St. Alban-Tal 37* | Tel.
06 12 25 90 90 | Kosten: 12 Franken | www.papiermuseum.ch

24h

BASEL UNDERGROUND

16:30

20 Busminuten weiter, am Lohweg, liegt das Tor zur Basler Unterwelt – ohne Guide geht hier nichts! Dem Flüsschen Birsig heftet man sich hier auf einem unterirdischen, 1,2 km langen Flussverlauf auf die feuchten Fersen. Nichts für Leute mit Klaustrophobie! **WO?** *Treffpunkt: Haupteingang Basler Zoo, Binningerstr. 40 | Anmeldung unter Tel. 07 96 83 40 40 oder www.ideen reich.ch | Kosten (Gruppe): ab 250 Franken/1,25 Std.*

18:30

DARK FOOD

Bestellen bei Licht, essen im Dunkeln: So lautet das Konzept der *Blinden Kuh*. Tasten, riechen, schmecken und nichts sehen in der Halle der früheren Maschinenfabrik Sulzer-Burckhardt. Das Restaurant-Projekt wird von Blinden und Sehbehinderten geleitet. Danach beruhigt ein Drink an der beleuchteten Bar die beanspruchten Sinne! **WO?** *Dornacherstr. 192 | Tel. 06 13 36 33 00 | www.blindekuh.ch | Mo/Di geschl.*

CINEMA UND BAR AUF 55 METERN

20:30

Augen auf! Das *Neue Kino Basel* zeigt die schrägsten Filme und ist Hotspot für Cineasten. Im Sommer nicht nur Open Air, sondern sogar auf einer 55 m hohen Terrasse auf dem *Bernoulli-Silo* mit Blick auf Rhein, Hafen und Stadt. Extra-Tipp: Danach chillen die Basler in der *CapriBar.* **WO?** *Kino: Hafenstr. 7 | Tel. 06 16 93 44 77 | www.neueskinobasel.ch | CapriBar, Inselstr. 79 | Tel. 06 16 32 05 56 | Sa bis 20 Uhr, So geschl.*

23:00

NACHTSCHICHT AN BORD

Alle Mann an Bord, das Nachtschiff ruft! Der einige Kilometer rheinabwärts vertäute Kahn ist eine angesagte Nightlife-Location. Natürlich inklusive Restaurant, einer szenigen Lounge und dem puristisch eingerichteten Danceclub unter Deck. **WO?** *Westquaistr. 19 | Tel. 06 16 31 42 40 | www.dasschiff.ch | Mo/Di geschl.*

> ABENTEUER AM BERG

Ob auf Skiern, am Gleitschirm oder im Fahrradsattel –
die Schweiz ist ein Eldorado für Winter- und Trendsportler

> Breitensport wird in der Schweiz groß geschrieben. Bewegung und Sport sind Teil der frühkindlichen Erziehung. Kein Dorf ohne Turn-, Wander- oder Skiverein! Während der Sportferien (vor allem im Februar) sind die Wintersportorte regelmäßig überlaufen. Also buchen Sie frühzeitig. Im Sommer verreisen Familien gerne für Wanderferien in die Berge. Und die Jungen? Die tun das, was in anderen Ländern auch in ist: Skateboarden im Sommer und Snowboarden im Winter – möglichst zu lautem Sound. Termine für Events finden Sie unter *www.freestyle.ch*.

BERGSTEIGEN & WANDERN

Die Schweiz ist und bleibt ein traditionelles Wander- und Bergsteigerland. Schweizer wandern gern und viel. Insgesamt gibt es über 60 000 km markierte Wanderwege. Gelbe Schilder mit schwarzer Schrift und gelbe

Bild: Rafting im Unterengadin bei Susch, Kanton Graubünden

SPORT & AKTIVITÄTEN

Markierungen weisen den Weg. Neuerdings finden sich thematische Wanderwege, z.B. Barfußwege, Murmelitrails, Bibel-, Sagen- und Skulpturenwege oder der ⭐ „Weg der Schweiz" am Vierwaldstätter See *(S. 72)*. Klassische Kantone für Wanderungen und Bergtouren sind Graubünden, Bern und Wallis. Viel Wissenswertes über Touren finden Sie unter *www.swisshiking.ch*. Hier können Sie auch Informationsmaterial mit topografischen Karten für die klassischen Wandergebiete bestellen. Vorschläge für außergewöhnliche Wanderungen und Bergtouren gibt es auch bei *www.tourenguide.ch* und *www.wanderweb.ch*.

Wer in den höheren Bergregionen klettern will, sollte dies nur unter sachkundiger Leitung mit einem lokalen Bergführer tun. Gletscherspalten, brüchiger Fels und rasante Wetterumschläge sind nicht zu unterschätzende Gefahren in den Alpen. Unter *www.4000plus.ch* finden Sie alle Bergsteigerschulen und Bergführer, die sich an den Ehrenkodex des Schweizer Verbandes für Bergführer halten. Hier können Sie auch Kurse – z. B. für Klettern, Trekking oder Gleitschirmfliegen – buchen. Wer in den Alpen unterwegs ist, sollte den Notruf der Schweizerischen Rettungsflugwacht stets im Kopf haben: *1414.*

Kleine Rast am Graubündner Heidsee

▪ INLINESKATING ▪

Kein Land auf der Welt hat eine höhere Skaterdichte als die Schweiz. Äußerst beliebt sind die verschiedenen Wettkampfveranstaltungen, wie der Marathon für Skater im Engadin. Auf Skates können Sie fast durchgehend durchs Land fahren. Es gibt drei schöne Routen, die die Rhône und den Rhein entlang und durch das Mittelland führen – insgesamt 600 km geteerter Wege. In dem Führer „Skatelines Schweiz" finden Sie weitere Tipps. Streckenvorschläge: *www.veloland. ch*, *www.slowup.ch* oder *www.swiss-skate-map.ch.*

▪ RADFAHREN & MOUNTAINBIKING

In der Schweiz heißt ein Fahrrad Velo. Neun nationale Radwanderrouten von insgesamt 3300 km Länge führen quer durch alle Regionen der Schweiz. Diese Routen – ausführlich beschrieben in den Broschüren „Veloland Schweiz" – sind einheitlich ausgeschildert (rote Tafeln mit einem Fahrrad als Signet, Ziel- und Distanzangaben sowie Höhendifferenz). Das nationale Netz wird von über 3000 km regionalen Routen ergänzt. Höhendifferenzen werden im Flachland erst ab 100 m und in den Bergregionen ab 200 m angezeigt. Mountainbiker finden in der ==Großregion Flims/Laax/Falera== Insider Tip ein wahres Paradies: 237 km Straßen und Wege über Wiesen, durch Wälder und felsiges Gebiet, dazu Cross-Country- und Downhill-Strecken. Routentipps finden Sie unter *www.tourenguide.ch*, auf der Website *www.veloland.ch* können Sie Broschüren und Streckenbeschreibungen bestellen. Auch empfehlenswert: *www.singletrailmap.ch* und *www.bike-explorer.ch.*

▪ TRENDSPORTARTEN ▪

Die Schweiz scheint mit ihren natürlichen Gegebenheiten für die sogenannten Trendsportarten geradezu prädestiniert. Riverrafting, Gleitschirmfliegen, Canyoning, Bungee-

SPORT & AKTIVITÄTEN

jumping, Trekking und Klettern boomen. Wagemutige stürzen sich, inspiriert durch James Bonds berühmtem Bungeesprung in „Goldeneye", von der Staumauer im Tessiner Verzasca-Tal 220 m in die Tiefe. Das Berner Oberland, Tessin und Graubünden sind bekannt für Schluchten und Flüsse, die sich für Riverrafting, Hydrospeed und Canyoning eignen: *Schweizerischer Trendsportverband | 6652 Tegna | Tel. 08 19 11 52 50 | www.swisstrendsport.ch)*. Informatives finden Sie auch unter: *www.trek king.ch, www.swissraft.ch* oder *www. myswitzerland.com*.

■ WINTERSPORT ■

Die Schweiz ist ein Wintersportland, das kaum Wünsche offen lässt. Die Klassiker sind Abfahrts- und Skilanglauf, Snowboarden, Rodeln und Eislaufen. Hinzu kommen die neueren Trends: Carven, Freeriden (Fahren im Neuschnee), Schneeschuhlaufen, Snowbiken („Schneeradeln") und Winterwandern, Halfpipe und Snowparty (Hip-Hop im Freien). Zahlreiche Sportschulen bringen Erwachsenen und Kindern (ab 3 Jahre) das Wedeln bei. Auskünfte: *Schneesport Schweiz (Tel. 03 18 10 41 11)*. Unter *www.snowsports.ch* finden Sie rund 200 Ski- und Snowboardschulen und 10000 professionelle Skilehrer gelistet. Die nötige Ausrüstung kann man in jedem Sportgeschäft mieten: Die schönsten Skigebiete des Landes sind die Jungfrau-Region, Gstaad/ Saanenwald, Adelboden/Lenk im Berner Oberland, Les Quatres Vallées (mit Verbier), Crans Montana, Zermatt und Saas-Fee im Wallis, Davos/ Kloster, Flims/Laax, Oberengadin

(mit St. Moritz) und Lenzerheide/ Valbella in Graubünden. Informationen: *www.myswitzerland.com*. Über *Tel. 187* oder unter *www.slf.ch* erhalten Sie Infos über die Schnee- und Lawinenverhältnisse.

Gleitschirm fliegen – aufregendes Vergnügen für Abenteuerlustige

> RODELN, DINOS, SCHOKOLADE

Vor allem für Kinder, die sich gern an der frischen Luft bewegen, ist die Schweiz ein gigantischer Abenteuerspielplatz

> **Vorbei sind die Zeiten, da Kinder in Hotels, Restaurants und Ferienorten als „Störfaktor" galten. Heute werden Ferien mit Kindern gefördert.**

Die Anbieter haben sich zuletzt mächtig ins Zeug gelegt, um das Ferienland Schweiz für Familien und für jedes Budget attraktiver zu machen. „Familien" heißt eine hilfreiche Broschüre von Schweiz Tourismus, die Sie gratis beziehen können *(www.myswitzerland.com)*. Auf

Kinder und Familien zugeschnittene Angebote gehören in vielen Orten zum guten Ton. Seit kurzem bürgt ein Gütesiegel „Familien willkommen" für Qualität in den schönsten Feriendestinationen der Schweiz.

■ BERN/MITTELLAND/JURA ■
BEATENBERG [130 B2]
Das kleine, feine Dorf liegt oberhalb des Thuner Sees, gilt als „Sonnenterrasse" und hat eine grandiose Aus-

Bild: Almwiese im Kanton Appenzell

MIT KINDERN UNTERWEGS

sicht auf das Jungfrau-Gebiet. Mit seiner 7 km langen Hauptstraße ist es das längste Dorf Europas. Und weil diese Straße relativ flach ist, ist sie ein Paradies für Skater, Biker und Spaziergänger. Von hier aus lassen sich etliche Ausflüge unternehmen, z. B. zu den *St.-Beatus-Höhlen* (rund eine Stunde zu Fuß). Es gibt auch viele Spazierwege, die mit Kinderwagen befahrbar sind, und geführte Wanderungen ins Niederhorngebiet, wo man

ganz sicher Steinböcken begegnet. Hier können Kinder ab 12 Jahren und Erwachsene auch ihre ersten Versuche im Gleitschirmfliegen (begleitet oder unbegleitet) wagen. Auskunft: *Tourismus Beatenberg | 3803 Beatenberg | Tel. 03 38 41 18 18 | www.beatenberg.ch*

RODELBAHN FAULHORN [130 C2]

Ein Muss im Berner Oberland ist im Winter die mit 15 km Länge und

1600 m Höhenunterschied längste Rodelbahn der Schweiz vom Faulhorn nach Grindelwald. Sie ist nicht nur besonders lang, sondern auch besonders schön: mit Blick auf Eiger, Mönch, Jungfrau. Der Aufstieg von Grindelwald-First aufs Faulhorn dauert drei Stunden. Bei schönem Wetter ist das Bergrestaurant Faulhorn geöffnet. Auskunft erteilt: *Grindelwald Tourismus | 3818 Grindelwald | Tel. 03 38 54 12 12 | www.grindelwald.com*

SCHAUTÖPFEREI HEIMBERG   [130 B2]

Wie entsteht eine Tasse, ein Krug, ein Teller? In der Erlebnistöpferei Heimberg können Sie den Töpfern und Keramikmalern durch die Glasscheiben des erhöhten Café-Restaurants bei der Arbeit zuschauen. Sollte es den Kleinen zu langweilig werden, lockt draußen ein Kleintierzoo mit Schweinen und Hühnern. *Bernstr. 295 | Mo–Fr 9–12 und 13–18.30 Uhr, Sa/So 10–16 Uhr | Eintritt frei | Tel. 03 34 37 14 72 | www.danielhowald.ch*

TROPFSTEINHÖHLE RÉCLÈRE/
PRÉHISTO-PARC   [124 C3]

Nur an schönen Tagen können Sie die *Tropfsteinhöhlen von Réclère* in der Nähe von Porrentruy nahe der französischen Grenze besuchen. Wie ein Märchenschloss ist die riesige Höhle beleuchtet, ein gut ausgebauter Weg führt zum tiefsten Punkt, wo in einem Teich winzige Krebse leben. Die Reise an den äußersten Zipfel des Jura, in die landschaftlich schöne Ajoie, lohnt, weil Sie gleichzeitig den *Préhisto-Parc* mit den riesigen Sauriern auf einem 2 km langen Lehrpfad besuchen können: eine Attraktion für Jung und Alt. *April–Nov. tgl. 10–12, 13.30–17.30, Juli/Aug. tgl. 9.30–18 Uhr | Eintritt für Höhle und Préhisto-Parc 14, Kinder 10 Franken | Auskunft: Hôtel-Restaurant „Les Grottes" | 2912 Réclère | Tel. 03 24 76 61 55 | www.prehisto.ch*

Auf zum Abenteuer im Schnee: Kinder mit Schlittenhund

GENF/WESTSCHWEIZ WALLIS

AMEISENPFAD CHÂTEAU-D'OEX   [129 E3]

Warum sind Ameisen so betriebsam? Auf dem 3,5 km langen Ameisenpfad in Château-d'Oex im reizvollen

KINDERN UNTERWEGS

Waadtländer Oberland erfahren Kinder und Erwachsene mehr über die faszinierende Welt der emsigen Insekten. Der Lehrpfad beginnt bei der Bergstation des Sessellifts mit einer Ausstellung im Bergrestaurant. Der kindgerecht gestaltete Weg führt an einem Bauernhof *(Petite Ferme)* mit Kleintieren vorbei, die gestreichelt werden möchten. *Auskunft: Château-d'Oex Tourisme | 1660 Château-d'Oex | Tel. 02 69 24 25 25 | www.chateau-doex.ch*

GEOLOGISCHER
LEHRPFAD BINNTAL [130 C3]

Seit mehr als 200 Jahren kommen Bergkristallsammler und Mineralienforscher in dieses wildschöne Seitental des Goms, um nach seltenen Mineralien zu suchen. Auf dem Wanderweg zwischen Imfeld und dem Lengenbach können sich Kinder wie Forscher fühlen und die Gesteine des Tals kennenlernen. Am Schluss erwartet sie ein Grubenmuseum im Fels *(unregelmäßig geöffnet). Auskunft: Goms Tourismus | 3984 Fiesch | Tel. 02 79 70 10 70 | www.goms.ch*

■ LUGANO/TESSIN ■

Insider Tipp
MUSEO DEL
CIOCCOLATO IN CASLANO [131 E6]

Das *Schokoladenmuseum* in Caslano bei Lugano sollten große und kleine Schleckermäuler unbedingt besuchen. Es ist der Schokoladenfabrik Alprose angegliedert. Nach dem Rundgang im Museum kann man in der Fabrik bei der Produktion zusehen. *Via Rompada 36 | Caslano | Mo–Fr 9–18, Sa/So 9–17 Uhr | Schokoladenproduktion Mo–Sa nachmittags | Erw. 3, Kinder 1 Franken | www.alprose.ch*

■ LUZERN/GRAUBÜNDEN ■

GLASFABRIK
„GLASI" IN HERGISWIL [126 A5]

Im Museum erfahren Sie alles über Glas, und in der Fabrik dürfen Sie die Glasbläser bei der Arbeit beobachten. Müde Kinder erholen sich beim Murmelspiel, im Quarzsandkasten oder auf der Rutschbahn. *5 Min. Fußweg vom Bahnhof | Mo–Fr 9–18, Sa 9–16 Uhr | Eintritt frei | www.glasi.ch*

KLETTERGARTEN
BONI IN MELCHSEE-FRUTT [126 A6]

Kletterspaß für die ganze Familie in Melchsee-Frutt im Kanton Obwalden. Hier können Eltern und Kinder das Sichern und Abseilen üben. Die Anlage mit Routen im 3. bis 9. Schwierigkeitsgrad ist auch für geübte Kletterer interessant. *Auskunft: Tourismusverein Melchsee-Frutt | Postfach 78 | 6064 Kerns | Tel. 04 16 60 71 75 | www.melchsee-frutt.ch*

■ BASEL/ZÜRICH
OSTSCHWEIZ

AUGUSTA RAURICA [125 E2]

In der ehemaligen Römerstadt Augusta Raurica, heute Augst, gut 10 km östlich von Basel, können sich Kinder wie kleine Römer fühlen. Unter den Überresten der 1800 Jahre alten römischen Siedlung sticht das am besten erhaltene antike Theater nördlich der Alpen hervor. Sehenswert sind auch das Museum *(Eintritt 7, Kinder 5 Franken)*, das Römerhaus und der römische Haustierpark. Auf dem Gelände können Sie gut picknicken, es gibt auch ein Restaurant. *Römerstadt Augusta Raurica | Giebenacherstr. 17 | 4302 Augst | Tel. 06 18 16 22 22 | www.augusta-raurica.ch*

ANREISE

FLUGZEUG

Per Linienflug erreicht man die internationalen Flughäfen Zürich-Kloten und Genf-Cointrin, von wo im 7- bis 20-Min.-Takt Züge in die Innenstadt fahren, sowie den französisch-schweizerischen Euro-Airport Basel-Mulhouse. Lugano und Bern haben kleine Flughäfen, die auch einige internationale Destinationen bedienen.

BAHN

Die großen Verbindungen in die Schweiz führen von Deutschland aus über Frankfurt und Karlsruhe, über München und Lindau oder über Stuttgart und Singen bis nach Zürich und weiter nach Bern in die Schweiz hinein. Die Intercity-Züge aus Nord- und Westdeutschland fahren im Stundentakt bis Basel bzw. Zürich. Alles über Sparpreise und weitere gute Angebote erfahren Sie unter *www.bahn.de* bzw. unter *www.oebb.at*. Von Österreich aus führt die Hauptbahnlinie über das St. Galler Rheintal auf Schweizer Staatsgebiet.

AUTO

Die Hauptrouten führen durch das Rheintal über Basel, über Stuttgart, Singen und Konstanz nach Zürich oder von München aus über Wangen im Allgäu und das österreichische Bregenz über St. Gallen in die

PRAKTISCHE HINWEISE

Schweiz. Es besteht auch die Möglichkeit, mit Autofähren über den Bodensee, der die Grenze zwischen der Schweiz, Deutschland und Österreich bildet, ins Land zu gelangen. Von Österreich kommt man nördlich über Bregenz oder über Feldkirch und Schaan in Liechtenstein oder über Landeck und Tösens in die Schweiz hinein. Autoreisezüge nach Lörrach gibt es von Hamburg, Bremen, Hildesheim, Düsseldorf, Köln sowie von Berlin aus.

AUSKUNFT VOR DER REISE
SCHWEIZ TOURISMUS
Rossmarkt 23 | 60311 Frankfurt/Main Neuer Markt 4 | 1020 Wien. Gebührenfreie Auskunft: Tel. 008 00 10 02 00 30 | www.myswitzer land.com

AUSKUNFT IN DER SCHWEIZ
SCHWEIZ TOURISMUS
8027 Zürich | Tödistr. 7 | Postfach 695 | Tel. 08 00 10 02 00 30 | www. myswitzerland.com

SCHWEIZER TOURISMUS-VERBAND
3001 Bern | Finkenhubelweg 11 | Postfach 8275 | Tel. 03 13 07 47 47 | Fax 03 13 07 47 48 | www.swisstour fed.ch

AUTO
In der Schweiz liegt die Höchstgeschwindigkeit innerorts bei 50, auf Landstraßen bei 80 und auf Autobahnen bei 120 km/h (im Juli/Aug. in vielen Kantonen aus Umweltschutzgründen sogar nur bei 100 bzw. 80 km/h). Verstöße werden streng geahndet. Wer mehr als 20 km/h zu schnell fährt, muss mit Führerschein-

WAS KOSTET WIE VIEL?

KAFFEE	2,60 EURO	in der Stehbar für eine Tasse Espresso
EIS	3,95 EURO	für zwei Kugeln Eis
WEIN	4,60 EURO	für ein Glas Wein (1 dl)
SCHOKOLADE	1,40 EURO	für eine Tafel (100 g)
BENZIN	1,10 EURO	für einen Liter Super
BUSFAHRT	1,80 EURO	einfache Fahrt

entzug rechnen. Das gilt auch für Alkohol am Steuer (Promillegrenze: 0,5). Es besteht Anschnallpflicht. Auf den grün ausgeschilderten Autobahnen ist eine Vignette hinter der Windschutzscheibe Pflicht, die es für 40 Franken an Grenzübergängen, Postämtern und Tankstellen sowie beim *Automobil-Club der Schweiz (ACS | Tel. 03 13 28 31 11)*, beim *Touring-Club der Schweiz (TCS | Tel.*

02 24 17 22 20) und beim *Verkehrs-club der Schweiz (VCS | Tel. 08 48 61 16 11)* gibt. In den Geschäftsstellen dieser Klubs gibt es auch die Parkscheiben, ohne die man in den meisten Innenstädten (blaue Zonen) kaum noch parken darf. Bei Unfällen muss die Polizei *(Tel. 117)* gerufen werden. *Notruf: 144*; *Pannendienst: 140.* Autofähren gibt es auf dem Bodensee, dem Zürichsee, dem Vierwaldstätter See und dem Lago Maggiore. Die ganzjährig geöffneten Alpenpässe sind Bernina, Brünig, Forclaz, Jaun und Pillon. Alle anderen Pässe sind meist Mai–Oktober befahrbar. Am Pass hat das bergaufwärts fahrende Fahrzeug Vorfahrt. Alpentunnel mit spezieller Verladung auf Autozüge finden sich an Albula, Furka, Lötschberg, Simplon sowie zwischen Klosters und dem Unterengadin. Über Wetterlage und Straßenzustand besonders auch in den Bergen informiert eine automatische Ansage unter *Tel. 162* bzw. *Tel. 163.* Sie kann auch vom Ausland angewählt werden (Vorwahl von *Deutschland und Österreich: 0041/1*). Auf keinen Fall sollte man im Winter ohne einen Satz Schneeketten im Kofferraum durch die Schweiz reisen.

▓ BAHN ▓

Die Schweizerischen Bundesbahnen (SBB) machen attraktive Angebote: Mit dem *Swiss Pass* z. B. genießen Sie während 4, 8, 15, 22 oder 30 Tagen (260–578 Franken) freie Fahrt auf fast dem gesamten Schienennetz, den Straßenbahnen und Bussen von 36 Städten, erhalten Ermäßigungen auf vielen Bergbahnen und Panoramastrecken und freien Eintritt in viele

Museen. Dasselbe gilt für die *Swiss Card* (1 Monat, 182 Franken), nur dass Sie damit einfach alles zum halben Preis erhalten. Mit dem *Swiss Flexi Pass* (1 Monat, 249–397 Franken) erhalten Sie die Leistungen des Swiss Pass an 3, 4, 5 oder 6 frei wählbaren Tagen. Kinder und Jugendliche (6–16 Jahre) reisen in Begleitung mindestens eines Elternteils gratis. Allein reisende Jugendliche bis 16 Jahren zahlen den halben Fahrpreis. Die Züge fahren oft, sind bequem und meist pünktlich. *www.sbb.ch | www.myswitzerland.com*

▓ CAMPING ▓

Schweizer Campingplätze gehören zu den schönsten Europas. Drei Viertel der über 600 Plätze liegen an See- oder Flussufern. Auskunft und eine Übersicht: *www.camping.ch* und *www.swisscamps.ch*. Wildes Campen ist bei hohen Strafen verboten!

▓ DIPLOMATISCHE VERTRETUNGEN

DEUTSCHE BOTSCHAFT

Willadingweg 83 | 3006 Bern | Tel. 03 13 59 41 11 | Fax 03 13 59 44 44 | Mo–Fr 8.15–12.30 Uhr | Dringende Notfälle: Tel. 07 93 57 93 73

ÖSTERREICHISCHE BOTSCHAFT

Kirchenfeldstr. 77/79 | 3000 Bern 6 | Tel. 03 13 56 52 52 | Fax 03 13 51 56 64 | Mo–Fr 9–12 Uhr | Notfälle: Tel. 07 95 98 33 53

▓ EINREISE ▓

Ein bisschen sorgfältiger als alle anderen europäischen Staaten achten die Schweizer darauf, dass Touristen auch nur als Touristen kommen. Deshalb Personalausweis oder Reisepass immer bei sich tragen! Kinder brauchen einen Kinderausweis (ab 10 Jahre mit Lichtbild).

■ GESUNDHEIT ■

Die Schweiz ist ein teures Pflaster, auch die Arzt- und Krankenhauskosten sind horrend. Für ambulante Behandlungen kann von den Patienten eine Kaution verlangt werden, am besten wird der Betrag bar oder mittels Kreditkarte beglichen. Die Krankenhäuser (Spitäler) rechnen nicht mit ausländischen Krankenkassen ab. Bei längerem Spitalaufenthalt sieht das anders aus. Deshalb wird gerade älteren Reisenden empfohlen, eine Reiseversicherung abzuschließen.

Mit dem Bernina-Express durch die schönsten Ecken der Schweiz

■ INTERNET & WLAN ■

Das offizielle Portal der Schweiz: *www.ch.ch*. *www.swissinfo.org* informiert Sie täglich neu über das Land. Auf *www.meteoschweiz.ch* erhalten Sie die aktuellen Wetterberichte. *www.weisseseiten.ch* ist das offizielle Schweizer Telefonbuch. *www.krankenhaus.ch* informiert Sie über die Krankenhäuser. Auf *www.usgang.ch*, *www.lautundspitz.ch* und *www.loopzeitung.ch* finden Sie Ausgeh-, Party- und Kulturtipps. Unter *www.myswitzerland.com* können Sie die Unterkunft für Ihre Ferien in der Schweiz buchen.

Internetcafés finden Sie in allen größeren Städten, etwa in Bern das *Weblane (Kramgasse 47 | www.weblane.ch)*, in Luzern das *Café Parterre (Mythenstr. 7 | www.parterre.ch)* mit WLAN-Gratiszugang oder in Zürich das *E-Café (Uraniastr. 3 | www.e-cafe.ch)*. Preise für eine Stunde Internetzugang: 8–18 Franken.

WLAN findet in der Schweiz allmählich Verbreitung. Die SBB-Bahnhöfe in allen größeren Städte bieten Hotspots an, so Aarau, Basel, Bern, Biel, Brig, Chur, Genf, Lausanne, Lugano, Luzern, St. Gallen, Schaffhausen, Sitten und Zürich.

■ JUGENDHERBERGEN ■

In den rund 60 Schweizer Jugendherbergen stehen ca. 7000 Betten bereit. Mit einem Mitgliedsausweis ist die Übernachtung 6 Franken billiger. Die Mitgliedschaft kann man auch online beantragen. Eine Übernachtung mit Frühstück kostet je nach Saison 19–109 Franken. Liste der Jugendherbergen bei: *Schweizer Jugendherbergen | Schaffhauserstr. 14 | 8042 Zürich | Tel. 04 43 60 14 14 | Fax 04 43 60 14 60 | www.youthhostels.ch*

■ KLIMA ■

Meteorologen behaupten, klimatisch sei die Schweiz ein Europa im Kleinen. Es gibt nördliche Polarluft, atlantische Winde, eisiges Kontinentalklima und südliche Wärme vom Mittelmeer. Die Bergwelt sorgt für rasche Witterungsumschwünge auf kleinem Raum. Besonders am Alpennordrand kommt es häufig zu Niederschlägen. Die geschützten Bergtäler bleiben nicht selten von Wind und Regen verschont, wenn das Wetter auf den Berggipfeln noch wütet. Eine Besonderheit ist der Föhn. Er entsteht, wenn ein Tiefdruckgebiet über Frankreich warme Luft von Süden an die Alpen heranführt. Über den Ber-

WÄHRUNGSRECHNER

€	CHF	CHF	€
1	1,51	1	0,670
2	3,02	2	1,32
3	4,53	3	1,99
5	7,55	5	3,31
7	10,57	7	4,64
8	12,08	8	5,30
9	13,59	9	5,96
10	15,10	10	6,62
50	75,48	50	33,12

gen entsteht dann eine Wolkenwand, die sich auf ihrem Weg ins Tal auflöst. Besonders in den nördlichen Alpentälern kommt es dann häufig zu plötzlichen Temperaturanstiegen um bis zu zehn Grad, was Menschen mit Herz- und Kreislaufbeschwerden belasten kann. Die Luft in den Hochtälern, besonders im Engadin, hat Heilwirkung.

■ NOTRUF

Sanitätsnotruf: *Tel. 144*
Notruf Rettungshelikopter: *Tel. 14 14*
Wer die Ferien oft in den Schweizer Bergen verbringt, hat die Möglich-

keit, bei der Rettungsflugwacht *(Rega)* mit mindestens 30 Franken jährlich Gönnerstatus zu erlangen. Gönner werden im Notfall vom Rettungshelikopter gratis transportiert *(www.rega.ch)*.

■ POST

Öffnungszeiten: *zumeist Mo–Fr 7.30–12 und 14–18, Sa 8–11 Uhr.* Porto ins Ausland (A-Post garantiert die Zustellung innerhalb eines Tages, B-Post dauert 2–3 Tage): bis 20 g A-Post 1,30; B-Post 1,20; bis 50 g A-Post 2,20; B-Post 1,80; bis 100 g A-Post 3,30; B-Post 2,50 Franken.

■ PREISE & WÄHRUNG

Schweizer Geld besteht aus Münzen zu 5, 10, 20 und 50 Rappen (100 Rappen sind ein Franken), 1, 2 und 5 Franken. Darüber hinaus gibt es Noten zu 10, 20, 50, 100, 200, 500 und 1000 Franken.

Bankschalter sind 8.30–12.15 und 13.15–16.30 Uhr geöffnet. Sa/So sind die Banken geschlossen. Auf Bahnhöfen und Flughäfen haben die Wechselstuben länger und auch an Wochenenden geöffnet. In der Schweiz werden alle großen Kreditkarten akzeptiert.

Die Ein- und Ausfuhr von Landes- und Fremdwährung ist unbeschränkt zulässig. Obwohl die Schweiz nicht EU-Mitglied ist, wird der Euro bereits vielerorts akzeptiert. Häufig gibt es auch schon eine doppelte Preisauszeichnung in Franken und Euro. Das soll u.a. zeigen, dass die Schweiz kein sündhaft teures Ferienland ist. Teuer ist aber der Museumseintritt: 10–15 Franken. Deshalb lohnt es, einen Schweizer Museumspass für

144 Franken (gültig ein Jahr) zu kaufen. Für Familien gibt es Rabatte *(www.museumspass.ch)*.

■ TELEFON & HANDY ■

Wer in die Schweiz telefonieren will, muss *0041* und die Rufnummer wählen. Ortsvorwahlen gibt es nicht, sie sind fester Bestandteil der Rufnummer. Aus der Schweiz ins Ausland: *0049* für *Deutschland* bzw. *0043* für *Österreich*. Zum Telefonieren in der Zelle braucht man eine Taxcard, die es bei der Post oder an Kiosken gibt.

Bevor Sie mit dem Handy reisen, erkundigen Sie sich bei Ihrem Provider nach den Auslandspreisen. In der Schweiz gibt es drei Anbieter: Swisscom, Orange und Sunrise. Swisscom hat die beste Abdeckung. Keinen Empfang haben Sie in entlegenen Gebirgsregionen. Auskünfte über SIM-Karte, Preise und Abdeckung: *Tel. 08 00 55 64 64*. Beim Roaming spart, wer das günstigste Netz wählt. Mit einer Prepaid-Karte des Gastlandes entfallen die Gebühren für eingehende Anrufe. Sogenannte Travel-SIM-Cards wie Globilo *(www.globiloo.de)* sind zwar teurer, ersparen aber ebenfalls alle Roaming-Gebühren. Und: Sie bekommen schon zu Hause Ihre neue Nummer. Immer günstig sind SMS. Hohe Kosten verursacht die Mailbox: noch im Heimatland abschalten!

■ ZOLL ■

In die Schweiz zollfrei eingeführt werden dürfen: 2 l Alkohol unter bzw. 1 l über 15 % und 200 Zigaretten. In die EU zollfrei eingeführt werden dürfen: 1 l Alkohol über 22 %, 200 Zigaretten oder 100 Zigarillos oder 50 Zigarren oder 250 g Tabak, 50 g Parfüm oder 250 g Eau de Toilette und andere Artikel im Gesamtwert von 175 Euro.

WETTER IN ZÜRICH

Jan.	Feb.	März	April	Mai	Juni	Juli	Aug.	Sept.	Okt.	Nov.	Dez.
2	5	10	15	19	23	25	24	20	14	7	3
Tagestemperaturen in °C											
-3	-2	1	4	8	12	14	13	11	6	2	-1
Nachttemperaturen in °C											
2	3	5	6	7	7	7	7	6	3	2	2
Sonnenschein Std./Tag											
11	10	9	11	12	13	13	13	10	10	10	10
Niederschlag Tage/Monat											
4	4	4	8	13	17	21	21	19	14	10	7
Wassertemperaturen in °C											

> TU PARLES FRANÇAIS?

„Sprichst du Französisch?" Dieser Sprachführer hilft Ihnen,
die wichtigsten Wörter und Sätze auf Französisch zu sagen

Aussprache

Zur Erleichterung der Aussprache sind alle französischen Wörter mit einer einfachen
Aussprache (in eckigen Klammern) versehen.

■ AUF EINEN BLICK ■

Ja./Nein.	Oui. [ui]/Non. [nong]
Vielleicht.	Peut-être. [pöhtätr]
Bitte.	S'il vous plaît. [sil wu plä]
Danke.	Merci. [märsi]
Gern geschehen.	De rien. [dö rjäng]
Entschuldigen Sie!	Excusez-moi! [äksküseh mua]
Wie bitte?	Comment? [kommang]
Ich verstehe Sie/dich nicht.	Je ne comprends pas. [schön kongprang pa]
Ich spreche nur wenig	Je parle un tout petit peu français.
Französisch.	[schparl äng tu pti pöh frangsä]
Können Sie mir bitte helfen?	Vous pouvez m'aider, s.v.p.?
	[wu puweh mehdeh sil wu plä]
Sprechen Sie Deutsch/	Vous parlez allemand/anglais?
Englisch?	[wu parleh almang/anglä]
Ich möchte …	J'aimerais … [schämrä]
Haben Sie …?	Vous avez …? [wus_aweh]
Wie viel kostet es?	Combien ça coûte? [kongbjäng sa kut]
Wie viel Uhr ist es?	Quelle heure est-il? [käl_ör ät_il]

■ KENNENLERNEN ■

Guten Morgen/Tag!	Bonjour! [bongschur]
Guten Abend!	Bonsoir! [bongsuar]
Hallo!/Grüß dich!	Salut! [salü]
Wie ist Ihr Name, bitte?	Comment vous appelez-vous?
	[kommang wus_apleh wu]
Wie heißt du?	Comment tu t'appelles?
	[kommang tü tapäl]
Wie geht es Ihnen/dir?	Comment allez-vous/vas-tu?
	[kommangt_aleh wu/wa tü]
Danke. Und Ihnen/dir?	Bien, merci. Et vous-même/toi?
	[bjäng märsi. eh wu mäm/tua]
Auf Wiedersehen!	Au revoir! [oh röwuar]
Tschüss!	Salut! [salü]

> www.marcopolo.de/schweiz

SPRACHFÜHRER FRANZÖSISCH

■ UNTERWEGS ■

AUSKUNFT

links/rechts	à gauche [a gohsch]/à droite [a druat]
geradeaus	tout droit [tu drua]
nah/weit	près [prä]/loin [luäng]
Bitte, wo ist …?	Pardon, où se trouve …, s.v.p.?
	[pardong, us truw … sil wu plä]
Wie weit ist das?	C'est à combien de kilomètres d'ici?
	[sät_a kongbjängd kilomätrö disi]

PANNE

Ich habe eine Panne.	Je suis en panne. [schö süis_ang pan]
Würden Sie mir bitte einen Abschleppwagen schicken?	Est-ce que vous pouvez m'envoyer une dépanneuse, s.v.p.?
	[äs_kö wu puweh mangwuajeh ün deh panöhs sil wu plä]
Gibt es hier in der Nähe eine Werkstatt?	Est-ce qu'il y a un garage près d'ici?
	[äs_kil_ja äng garasch prä disi]
… ist defekt.	… est défectueux. [ä dehfäktüöh]

TANKSTELLE

Wo ist bitte die nächste Tankstelle?	Pardon, Mme/Mlle/M., où est la station-service la plus proche, s.v.p.?
	[pardong madam/madmuasäl/mösjöh u ä la stasjong särwis la plü prosch sil wu plä]
Ich möchte … Liter.	… litres, s'il vous plaît. [litrö sil wu plä]
Super.	Du super. [dü süpär]
Diesel.	Du gas-oil. [dü gasual]
bleifrei/mit … Oktan.	Du sans-plomb/… octanes.
	[dü sang plong/… oktan]

UNFALL

Hilfe!	Au secours! [oh skur]
Achtung!	Attention! [atangsjong]
Rufen Sie bitte schnell …	Appelez vite … [apleh wit]
… einen Krankenwagen.	… une ambulance. [ün_angbülangs]
… die Polizei.	… la police. [la polis]
… die Feuerwehr.	… les pompiers. [leh pongpjeh]
Es war meine Schuld.	C'est moi qui suis en tort.
	[sä mua ki süis_ang torr]

Es war Ihre Schuld. C'est vous qui êtes en tort.
[sä wu ki äts_ang torr]

Geben Sie mir bitte Ihren Vous pouvez me donner votre nom
Namen und Ihre Anschrift! et votre adresse?
[wu puweh mö donneh wottrö nong eh
wottr_adräs]

■ ESSEN/UNTERHALTUNG ■

Wo gibt es hier Vous pourriez m'indiquer…
[wu purjeh mängdikeh]

… ein gutes Restaurant? … un bon restaurant?
[äng bong rästorang]

… ein nicht zu teures … un restaurant pas trop cher?
Restaurant? [äng rästorang pa troh schär]
Reservieren Sie uns bitte Je voudrais réserver une table pour ce
für heute Abend einen soir, pour quatre personnes.
Tisch für vier Personen. [schwudrä räserhweh ün tablö pur sö suar
pur kat pärsonn]

Wo sind bitte die Où sont les W.-C., s.v.p.?
Toiletten? [u song leh wehseh sil wu plä]
Auf Ihr Wohl! A votre santé!/A la vôtre!
[a wottr sangteh/a la wohtr]

Das Essen war ausgezeichnet. Le repas était excellent.
[lö röpa ehtät_äksälang]

Bezahlen, bitte. L'addition, s.v.p. [ladisjong sil wu plä]

■ ÜBERNACHTUNG ■

Können Sie mir bitte ein Pardon, Mme/Mlle/M., vous pourriez
ein gutes Hotel recommander un bon hôtel?
empfehlen? [pardong madam/madmuasäl/mösjöh
wu purjeh rökommangdeh äng bonn_ohtäl]

Haben Sie noch … Est-ce que vous avez encore …
[äs_kö wus_aweh angkorr]

… ein Einzelzimmer? … une chambre pour une personne?
[ün schangbr pur ün pärsonn]

… ein Zweibettzimmer? … une chambre pour deux personnes? [ün schangbr pur döh pärsonn]
… mit Bad? … avec salle de bains?
[awäk sal dö bäng]

… für eine Nacht? … pour une nuit? [pür ün nüi]
… für eine Woche? … pour une semaine? [pür ün sömän]
Was kostet das Zimmer Quel est le prix de la chambre, petit
mit Frühstück? déjeuner compris? [käl_ä lö prid
la schangbr pti dehschöneh kongpri]

SPRACHFÜHRER

■ PRAKTISCHE INFORMATIONEN ■

ARZT

Können Sie mir einen
guten Arzt empfehlen?

Vous pourriez recommander un
bon médecin, s.v.p.?
[wu purjeh rökommangdeh äng bong
mehdsäng sil wu plä]

Ich habe hier Schmerzen.

J'ai mal ici. [scheh mal isi]

BANK

Wo ist hier bitte …

Pardon, je cherche …
[pardong schö schärsch]

… eine Bank?

… une banque. [ün bangk]

Ich möchte
Euro in Schweizer Franken
wechseln.

Je voudrais changer
euro en francs suisses.
[schwudrä schangscheh öroh ang frang süis]

POST

Was kostet …

Quel est le tarif pour affranchir …
[käl_ä lö tarif pur afrangschir]

… eine Postkarte …

… des cartes postales …
[deh kart postal]

… nach Deutschland?

… pour l'Allemagne? [pur lalmanj]

■ ZAHLEN ■

0	zéro [sehroh]		20	vingt [wäng]
1	un, une [äng, ühn]		21	vingt et un, une
2	deux [döh]			[wängt_eh äng, ühn]
3	trois [trua]		22	vingt-deux [wängt döh]
4	quatre [katr]		30	trente [trangt]
5	cinq [sängk]		40	quarante [karangt]
6	six [sis]		50	cinquante [sängkangt]
7	sept [sät]		60	soixante [suasangt]
8	huit [üit]		70	soixante-dix [suasangt dis]
9	neuf [nöf]		80	quatre-vingt [katrö wäng]
10	dix [dis]		90	quatre-vingt-dix
11	onze [ongs]			[katrö wäng dis]
12	douze [dus]		100	cent [sang]
13	treize [träs]		200	deux cents [döh sang]
14	quatorze [kators]		1000	mille [mil]
15	quinze [kängs]		2000	deux mille [döh mil]
16	seize [säs]		10000	dix mille [di mil]
17	dix-sept [disät]			
18	dix-huit [disüit]		1/2	un demi [äng dmi]
19	dix-neuf [disnöf]		1/4	un quart [äng kar]

> PARLI ITALIANO?

„Sprichst du Italienisch?" Dieser Sprachführer hilft Ihnen,
die wichtigsten Wörter und Sätze auf Italienisch zu sagen

Aussprache

c, cc	vor „e, i" wie deutsches „tsch" in deutsch, Bsp.: dieci, sonst wie „k"
ch, cch	wie deutsches „k", Bsp.: pacchi, che
ci, ce	wie deutsches „tsch", Bsp.: ciao, cioccolata
g, gg	vor „e, i" wie deutsches „dsch" in Dschungel, Bsp.: gente
gl	ungefähr wie in „Familie", Bsp.: figlio
gn	wie in „Kognak", Bsp.: bagno
sc	vor „e, i" wie deutsches „sch", Bsp.: uscita
sch	wie in „Skala", Bsp.: Ischia
sci	vor „a, o, u" wie deutsches „sch", Bsp.: lasciare
z	immer stimmhaft wie „ds"

Ein Akzent steht im Italienischen nur, wenn die letzte Silbe betont wird. In den übrigen Fällen haben wir die Betonung durch einen Punkt unter dem betonten Vokal angegeben.

■ AUF EINEN BLICK

Ja./Nein.	Sì./No.
Vielleicht.	Forse.
Bitte./Danke.	Per favore./Grazie.
Gern geschehen.	Non c'è di che!
Entschuldigen Sie!	Scusi!
Wie bitte?	Come dice?
Ich verstehe Sie/dich nicht.	Non La/ti capisco.
Ich spreche nur wenig …	Parlo solo un po′ di …
Können Sie mir bitte helfen?	Mi può aiutare, per favore?
Ich möchte …	Vorrei …
Haben Sie …?	Ha …?
Wie viel kostet es?	Quanto costa?
Wie viel Uhr ist es?	Che ore sono?/Che ora è?

■ KENNENLERNEN

Guten Morgen!/Tag!	Buon giorno!
Guten Abend!	Buona sera!
Gute Nacht!	Buona notte!
Hallo!/Grüß dich!	Ciao!
Wie geht es Ihnen/dir?	Come sta?/Come stai?
Danke. Und Ihnen/dir?	Bene, grazie. E Lei/tu?
Ich heiße…	Mi chiamo…

> **www.marcopolo.de/schweiz**

SPRACHFÜHRER ITALIENISCH

Auf Wiedersehen!	Arrivederci!
Tschüss!	Ciao!
Bis bald!	A presto!
Bis morgen!	A domani!

▮UNTERWEGS▮

AUSKUNFT

links	a sinistra
rechts	a destra
geradeaus	diritto
nah	vicino
weit	lontano
Wie weit ist das?	Quanti chilometri sono?
Ich möchte … mieten.	Vorrei noleggiare …
… ein Auto …	… una macchina.
… ein Fahrrad …	… una bicicletta.
Bitte, wo ist …	Scusi, dov'è …
… der Bahnhof?	… la stazione?
… die Haltestelle?	… la fermata?
Eingang/Einstieg	salita/entrata
Ausgang/Ausstieg	discesa/uscita

PANNE

Ich habe eine Panne.	Ho un guasto.
Würden Sie mir einen	Mi potrebbe mandare un
Abschleppwagen schicken?	carro-attrezzi?
Gibt es hier in der Nähe	Scusi, c'è un'officina qui vicino?
eine Werkstatt?	

TANKSTELLE

Wo ist bitte die nächste	Dov'è la prossima
Tankstelle?	stazione di servizio, per favore?
Ich möchte … Liter …	Vorrei … litri di …
… Normalbenzin.	… benzina normale.
… Super./… Diesel.	… super./… gasolio.
Voll tanken, bitte.	Il pieno, per favore.

UNFALL

Hilfe!	Aiuto!
Achtung!/Vorsicht!	Attenzione!

Rufen Sie bitte schnell …   Chiami subito …
… einen Krankenwagen.   … un'autoambulanza.
… die Polizei.   … la polizia.
Haben Sie Verbandszeug?   Ha materiale di pronto soccorso?
Es war meine Schuld.   È stata colpa mia.
Es war Ihre Schuld.   È stata colpa Sua.
Geben Sie mir bitte Ihren   Mi dia il Suo
Namen und Ihre Anschrift!   nome e indirizzo, per favore!

■ ESSEN/UNTERHALTUNG

Wo gibt es hier …   Scusi, mi potrebbe indicare …
… ein gutes Restaurant?   … un buon ristorante?
… ein typisches Restaurant?   … un locale tipico?
Gibt es in der Nähe   C'è una gelateria qui
eine Eisdiele?   vicino?
Reservieren Sie uns bitte   Può riservarci per stasera un
für heute Abend einen   tavolo per quattro persone?
Tisch für vier Personen.
Auf Ihr Wohl!   (Alla Sua) salute!
Bezahlen, bitte.   Il conto, per favore.
Hat es geschmeckt?   Andava bene?
Das Essen war ausge-   (Il mangiare) era eccellente.
zeichnet.

■ EINKAUFEN

Wo finde ich …   Dove posso trovare …
… eine Apotheke?   … una farmacia?
… eine Bäckerei?   … un panificio?
… ein Fotogeschäft?   … un negozio di articoli fotografici?
… ein Lebensmittelgeschäft?   … un negozio di generi alimentari?
… den Markt?   … il mercato?
… einen Supermarkt?   … un supermercato?
… einen Tabakladen?   … un tabaccaio?
… einen Zeitungshändler?   … un giornalaio?

■ ÜBERNACHTEN

Können Sie mir bitte …   Scusi, potrebbe
empfehlen?   consigliarmi …
… ein Hotel …   … un albergo?
… eine Pension …   … una pensione?
Ich habe bei Ihnen ein   Ho prenotato
Zimmer reserviert.   una camera.
Haben Sie noch …   È libera …
… ein Einzelzimmer?   … una singola?

… ein Zweibettzimmer? … una doppia?
… mit Dusche/Bad? … con doccia/bagno?
… für eine Nacht? … per una notte?
… für eine Woche? … per una settimana?
Was kostet das Zimmer … Quanto costa la camera …
… mit Frühstück? … con la prima colazione?
… mit Halbpension? … a mezza pensione?

■ PRAKTISCHE INFORMATIONEN ■

ARZT

Können Sie mir einen
guten Arzt empfehlen?

Mi può consigliare un
buon medico?

Ich habe Durchfall. Soffro di diarrea.
Ich habe … Ho …
… Fieber. … la febbre.
… Kopfschmerzen. … mal di testa.
… Zahnschmerzen. … mal di denti.

POST

Was kostet … Quanto costa …
… ein Brief … … una lettera …
… eine Postkarte … … una cartolina …
… nach Deutschland? … per la Germania?

■ ZAHLEN ■

0	zero	19	diciannove
1	uno	20	venti
2	due	21	ventuno
3	tre	30	trenta
4	quattro	40	quaranta
5	cinque	50	cinquanta
6	sei	60	sessanta
7	sette	70	settanta
8	otto	80	ottanta
9	nove	90	novanta
10	dieci	100	cento
11	undici	101	centouno
12	dodici	200	duecento
13	tredici	1000	mille
14	quattordici	2000	duemila
15	quindici	10000	diecimila
16	sedici		
17	diciassette	1/2	un mezzo
18	diciotto	1/4	un quarto

Brienzer See

> UNTERWEGS IN DER SCHWEIZ

Die Seiteneinteilung für den Reiseatlas finden Sie auf dem
hinteren Umschlag dieses Reiseführers

REISE ATLAS

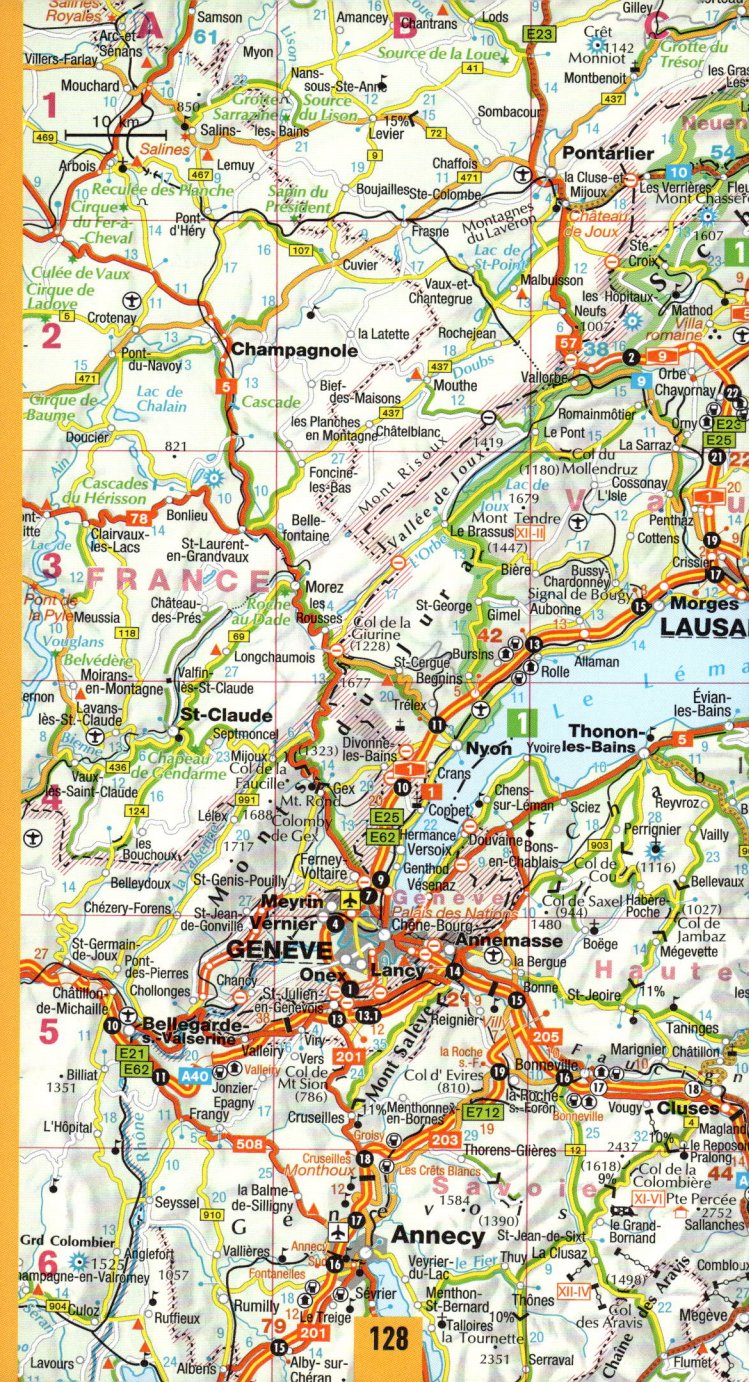

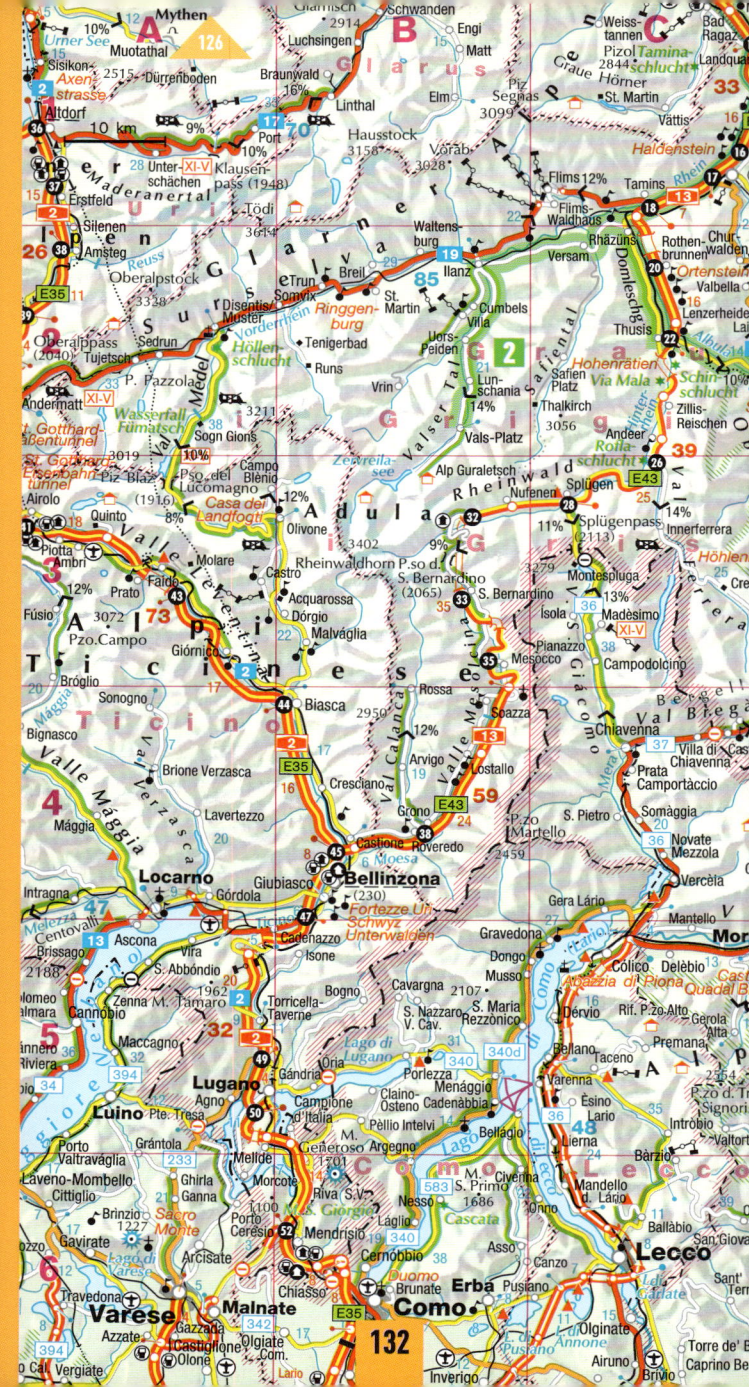

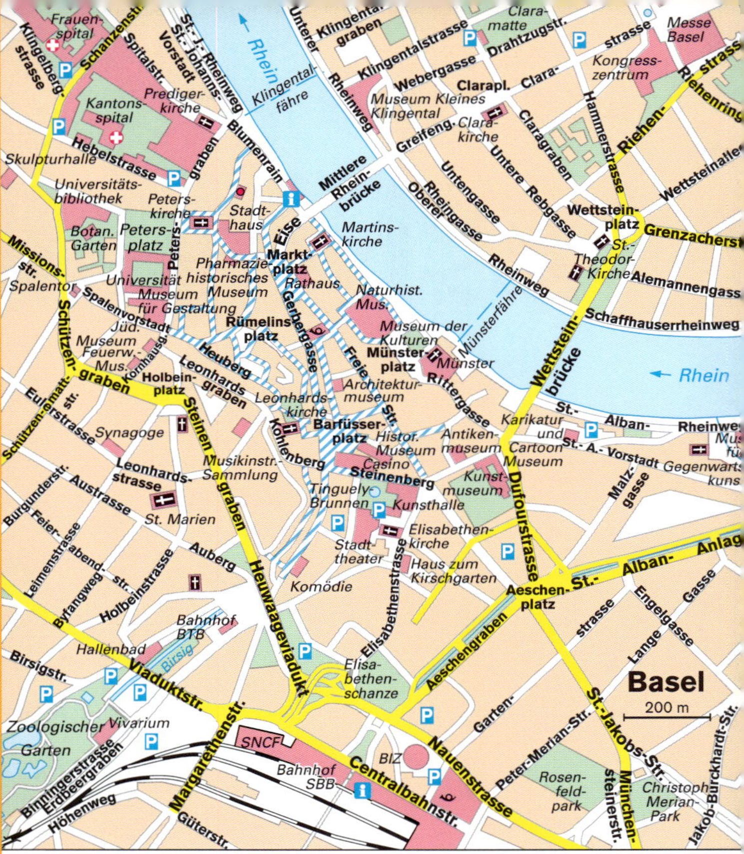
Basel
200 m
Rhein
Frauenspital
Klingelbergstrasse
Schanzenstr.
Spitalstr.
St. Johanns-Vorstadt
St.-J.-Rheinweg
Unterer Rheinweg
Klingentalgraben
Klingentalstrasse
Claramatte
Drahtzugstr.
Messe Basel
Kongresszentrum
Klingentalfähre
Predigerkirche
Kantonsspital
Hebelstrasse
Skulpturhalle
Universitätsbibliothek
Peterskirche
Petersgraben
Blumenrain
Stadthaus
Botan. Garten
Petersplatz
Webergasse
Museum Kleines Klingental
Clarapl.
Claragraben
Clarakirche
Greifeng.
Mittlere Rheinbrücke
Untere Rebgasse
Untengasse
Oberer Rheinweg
Rheingasse
Hammerstrasse
Riehenring
Riehenstrasse
Wettsteinallee
Wettsteinplatz
Grenzacherstr.
St. Theodor-Kirche
Alemannengasse
Missionsstr.
Spalentor
Spalenvorstadt
Universität
Museum für Gestaltung
Pharmazie-historisches Museum
Marktplatz
Rathaus
Eisengasse
Martinskirche
Naturhist. Mus.
Museum der Kulturen
Münsterplatz
Münster
Münsterfähre
Rheinweg
Schaffhauserrheinweg
Wettsteinbrücke
Jüd. Museum
Feuerw.-Mus.
Kornhausg.
Rümelinsplatz
Gerbergasse
Heuberg
Leonhardsgraben
Schützengraben
Holbeinplatz
Freie Str.
Architekturmuseum
Rittergasse
Leonhardskirche
Barfüsserplatz
Histor. Museum
Antikenmuseum
Karikatur und Cartoon Museum
St.-Alban-Rheinweg
St.-A.-Vorstadt
Gegenwartskunst
Schützenmattstr.
Eulerstrasse
Synagoge
Steinengraben
Kohlenberg
Musikinstr.-Sammlung
Casino
Steinenberg
Kunstmuseum
Malzgasse
Leonhardsstrasse
Austrasse
Burgunderstr.
Tinguely-Brunnen
Kunsthalle
Dufourstrasse
St. Marien
Feierabendstr.
Leimenstrasse
Elisabethenkirche
Stadttheater
Haus zum Kirschgarten
Auberg
Heuwaageviadukt
Komödie
Aeschenplatz
St.-Alban-Anlage
Bylangweg
Holbeinstrasse
Bahnhof BTB
Elisabethenstrasse
Langegasse
Engelgasse
Hallenbad
Birsig
Birsigstr.
Viaduktstr.
Elisabethenschanze
Aeschengraben
St.-Jakobs-Str.
Gartenstrasse
Zoologischer Garten
Vivarium
Margarethenstr.
SNCF
Bahnhof SBB
BIZ
Centralbahnstr.
Nauenstrasse
Peter-Merian-Str.
Rosenfeldpark
Münchensteinerstr.
Christoph-Merian-Park
Jakob-Burckhardt-Str.
Binningerstrasse
Erdbeergraben
Höhenweg
Güterstr.

Lugano
200 m
Via Genzana
Via San Gottardo
Via M. Ceneri
Via Dufour
Viale S. Franscini
Via C. Maderno
Basilica del Sacro Cuore
Via A. Fusoni
Viale Cassarate
Via agli Orti
Via al Lido
Via alla Roggia
Via al Chioso
Viale dei Faggi
Via Maggio
Villa Saroli
Banca del Gottardo
Chiesa dei Cappuccini
Via Cantonale
Via Serafino Balestra
Corso Elvezia
Via Coremmo
Palazzo Ransila
Via E. Bossi
Palazzo di Giustizia
Via Pretorio
Via Luigi Canonica
Cassarate
Via C. Marzio
Centro Esposizioni
Piazzale di Basso
Stazione
V. A. Galli
Corso Pestalozzi
Palazzo dei Congressi
Viale C. Cattaneo
Viale Castagnola
FFS
San Lorenzo
S. Rocco
Parco Civico
Piscina Comunale
Via Tomaso
Via Basilea
Palazzo Riva
Palazzo Albertolli
Villa Ciani
Museo Civico
Lido
Piazza Riforma
Museo Cantonale d'Arte
Casino
Biblioteca Cantonale
Museo Cantonale di Storia Naturale
Porto Comunale
Via Aprica
Municipio
Piazza Rezzonico
Via Montarina
Via Clemente Maraini
Via Giuseppe Motta
Via Nassa
Riva V. Vela
Lago di Lugano
(Ceresio)
Circolo Vela
Parco Tassino
Piazza B. Luini

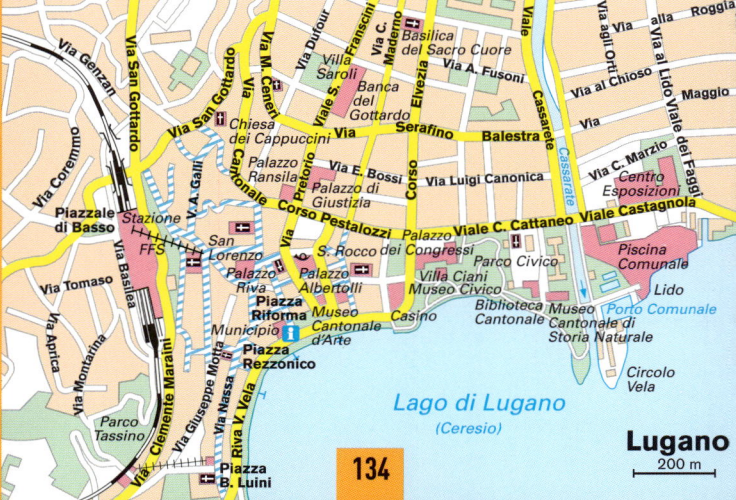

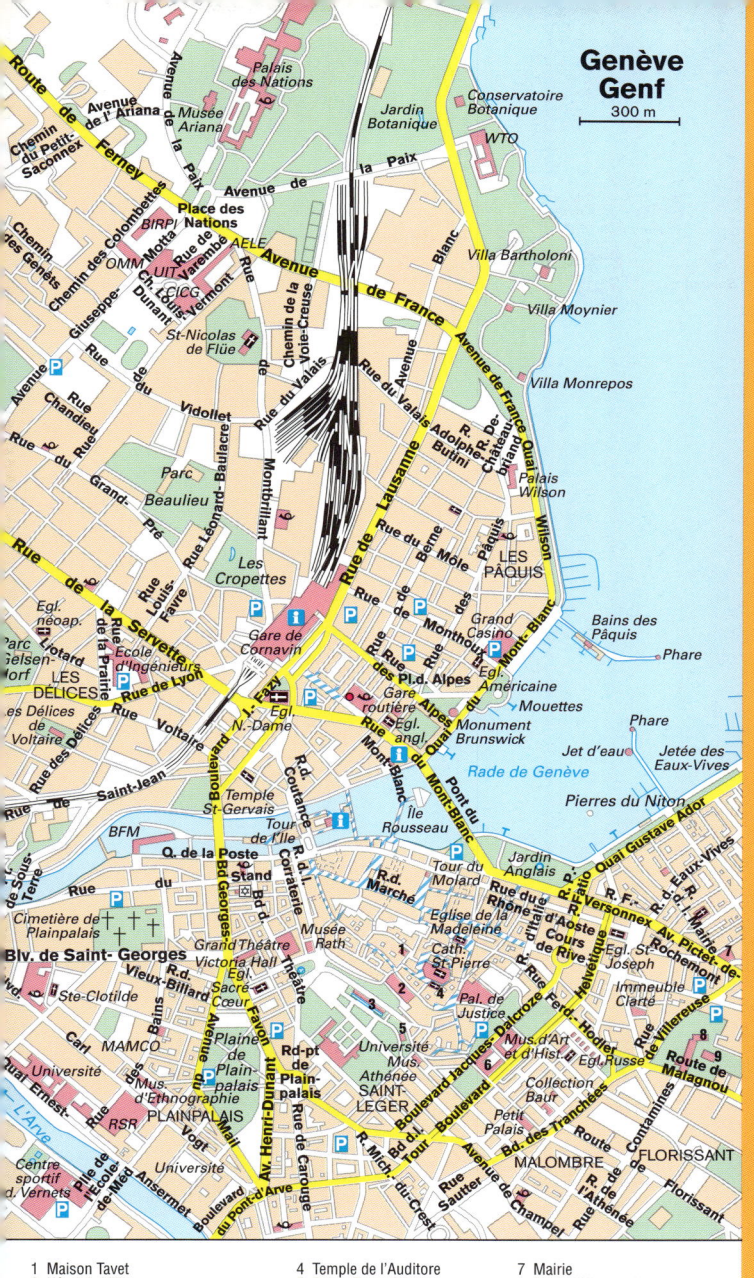

Genève
Genf

300 m

1 Maison Tavet
2 Hôtel de Ville
3 Monument de la Réformation

4 Temple de l'Auditore
5 Palais Eynard
6 Ecole Sup. d'Art

7 Mairie
8 Mus. d'Histoire Naturelle
9 Musée d'Ortologerie

Bern

Kursaal
Schänzlistr.
Viktoria-Spital
Sonnenberg-str.
Kornhausstr.
Sonnenbergrain
Salem-Spital
Diakonissenhaus
Schänzlistr.
Laubeggstrasse
Oranienburgstr.
Rosen-garten
ALTENBERG
Lerberstr.
Aargauerstalden
Kornhaus-brücke
Altenbergstr.
Sportplatz
Altenbergstr.
Alter Aargauerstalden
← Aare
Langmauerweg
Läufer-platz
Läuferbrunnen
Untertor-brücke
Brunngasshalde
Postgasshald
Antonier-kirche
Nydegg-kirche
Brunngasse
St. Peter und Paul
Rathaus
Postgasse
Gerechtigkeits-brunnen
Nydegg-gasse
Nydegg-brücke
Rathaus-gasse
Vennerbr.
Zytglogge
Kramgasse
Gerechtigkeitsg.
Junkerng.
Bärengraben
Zähringer-brunnen
Kramgassbr.
Erlacher Hof
Gerberngasse
Stadt-bibl.
Münsterg.
Mosesbr.
Münster-platz
MATTE
Mühlen-platz
Grosser Muristalden
Kleiner Muristalden
OBSTBERG
Casino-platz
Herreng.
Münster Plattform
Casino
Lift
Badgasse
Schifflaube
Wasserwerkgasse
Muristalden
Aarstrasse
Liebegg-weg
Kirchenfeld-brücke
Schwelle
Kunsthalle
Staudenrain
Kollerweg
Muristrasse
Englische Anlagen
Gryphenhübeliweg
Evang. Seminar Muristalden
Alpines Museum
Marienstrasse
Thunstrasse
Luisenstr.
Bern 200 m
Helvetiaplatz
Historisches Museum

Luzern 200 m

Friedbergstrasse
Brambergstrasse
Bergstrasse
Fluhmatt-strasse
Zürich-strasse
Denkmalstr.
Gletscher-garten
Löwen-denkmal
Felsbergstr.
Abendweg
Panorama
Indenstrasse
Löwen-platz
Weystr.
Priester-seminar
Adligenswilerstr.
Zinggentorstr.
Brambergstrasse
Strasse
Löwenstrasse
Alpenstr.
Schilling
Museggmauer
Museggstrasse
Christus-kirche
Matthäus-kirche
Hof-kirche
Kur-platz
Haldenstrasse
Kursaal
Diebold
Mariahilf-kirche
Herrenstrasse
Nationalquai
Bade-anstalt
matt-brücke
St. Karli-Quai
Museggstrasse
Schwanen-platz
Schweizerhofquai
Reuss
Löwengraben
St. Peter
Vierwaldstätter See
Natur-museum
Speuer-brücke
Picasso-Museum
Altes Rathaus
Kapell-brücke
Seebrücke
Landungsbrücken
Inselstrasse
Histor. museum
Kram-brücke
Wasser-turm
Theater
Bahnhofstrasse
Bahnhofplatz
Regierung
Franziskaner-kirche
Jesuiten-kirche
Sammlung Rosengart
Bahnhof
Kultur- und Kongresszentrum
Hirschengraben
Zentralstrasse
Kunst-museum
Kloster-strasse
Bruchstrasse
Stadthaus
Pilatusstr.
Frankenstrasse
Inseliquai
Synagoge
Pilatuspl.

137

Autobahn mit Anschlussstellen Motorway with junctions	
Autobahn in Bau Motorway under construction	
Mautstelle Toll station	
Raststätte mit Übernachtung Roadside restaurant and hotel	
Raststätte Roadside restaurant	
Tankstelle Filling-station	
Autobahnähnliche Schnell- straße mit Anschlussstelle Dual carriage-way with motorway characteristics with junction	
Fernverkehrsstraße Trunk road	
Durchgangsstraße Thoroughfare	
Wichtige Hauptstraße Important main road	
Hauptstraße Main road	
Nebenstraße Secondary road	
Fernverkehrsbahn Main line railway	
Autozug-Terminal Car-loading terminal	
Bergbahn Mountain railway	
Kabinenschwebebahn Aerial cableway	
Sessellift Chair-lift	
Eisenbahnfähre Railway ferry	
Autofähre Car ferry	
Schifffahrtslinie Shipping route	
Landschaftlich besonders schöne Strecke Route with beautiful scenery	
Touristenstraße Tourist route	Alleenstr.
Wintersperre Closure in winter	XI-V
Straße für Kfz gesperrt Road closed to motor traffic	
Bedeutende Steigungen Important gradients	8%
Für Wohnwagen nicht empfehlenswert Not recommended for caravans	
Für Wohnwagen gesperrt Closed for caravans	

Schloss	Sehenswürdigkeit Object of interest
	Badestrand Bathing beach
	Besonders schöner Ausblick Important panoramic view
	Ausflüge & Touren Excursions & tours
	Nationalpark, Naturpark National park, nature park
	Sperrgebiet Prohibited area
	Kirche Church
	Moschee Mosque
	Kloster Monastery
	Schloss, Burg Palace, castle
	Ruinen Ruins
	Leuchtturm Lighthouse
	Turm Tower
	Höhle Cave
	Ausgrabungsstätte Archaeological excavation
	Feriendorf Tourist colony
	Motel Motel
	Jugendherberge Youth hostel
	Allein stehendes Hotel Isolated hotel
	Berghütte Refuge
	Campingplatz Camping site
	Flughafen Airport
	Flugplatz Airfield
	Staatsgrenze National boundary
	Verwaltungsgrenze Administrative boundary
	Grenzkontrollstelle Check-point
	Grenzkontrollstelle mit Beschränkung Check-point with restrictions
PARIS	Hauptstadt Capital
<u>NANTES</u>	Verwaltungssitz Seat of the administration

FÜR IHRE NÄCHSTE REISE

gibt es folgende MARCO POLO Titel:

DEUTSCHLAND
Allgäu
Amrum/Föhr
Bayerischer Wald
Berlin
Bodensee
Chiemgau/Berchtesgadener Land
Dresden/Sächsische Schweiz
Düsseldorf
Eifel
Erzgebirge/Vogtland
Franken
Frankfurt
Hamburg
Harz
Heidelberg
Köln
Lausitz/Spreewald/Zittauer Gebirge
Leipzig
Lüneburger Heide/Wendland
Mark Brandenburg
Mecklenburgische Seenplatte
Mosel
München
Nordseeküste Schleswig-Holstein
Oberbayern
Ostfriesische Inseln
Ostfriesland/Nordseeküste Niedersachsen/Helgoland
Ostseeküste Mecklenburg-Vorpommern
Ostseeküste Schleswig-Holstein
Pfalz
Potsdam
Rheingau/Wiesbaden
Rügen/Hiddensee/Stralsund
Ruhrgebiet
Sauerland
Schwäbische Alb
Schwarzwald
Stuttgart
Sylt
Thüringen
Usedom
Weimar

ÖSTERREICH | SCHWEIZ
Berner Oberland/Bern
Kärnten
Österreich
Salzburger Land
Schweiz
Steiermark
Tessin
Tirol
Wien
Zürich

FRANKREICH
Bretagne
Burgund
Côte d'Azur/Monaco
Elsass
Frankreich
Französische Atlantikküste
Korsika
Languedoc-Roussillon
Loire-Tal
Nizza/Antibes/Cannes/Monaco
Normandie
Paris
Provence

ITALIEN | MALTA
Apulien
Capri
Dolomiten
Elba/Toskanischer Archipel
Emilia-Romagna
Florenz
Gardasee
Golf von Neapel
Ischia
Italien
Italienische Adria
Italien Nord
Italien Süd
Kalabrien
Ligurien/Cinque Terre
Mailand/Lombardei
Malta/Gozo
Oberital. Seen
Piemont/Turin
Rom
Sardinien
Sizilien/Liparische Inseln
Südtirol
Toskana
Umbrien
Venedig
Venetien/Friaul

SPANIEN | PORTUGAL
Algarve
Andalusien
Barcelona
Baskenland/Bilbao
Costa Blanca
Costa Brava
Costa del Sol/Granada
Fuerteventura
Gran Canaria
Ibiza/Formentera
Jakobsweg/Spanien
La Gomera/El Hierro
Lanzarote
La Palma
Lissabon
Madeira
Madrid
Mallorca
Menorca
Portugal
Sevilla
Spanien
Teneriffa

NORDEUROPA
Bornholm
Dänemark
Finnland
Island
Kopenhagen
Norwegen
Oslo
Schweden
Stockholm
Südschweden

WESTEUROPA | BENELUX
Amsterdam
Brüssel
Dublin
Edinburgh
England
Flandern
Irland
Kanalinseln
London
Luxemburg
Niederlande
Niederländische Küste
Schottland
Südengland

OSTEUROPA
Baltikum
Budapest
Danzig
Estland
Kaliningrader Gebiet
Krakau
Lettland
Litauen/Kurische Nehrung
Masurische Seen
Moskau
Plattensee
Polen
Polnische Ostseeküste/Danzig
Prag
Riesengebirge
Russland
Slowakei
St. Petersburg
Tallinn
Tschechien
Ukraine
Ungarn
Warschau

SÜDOSTEUROPA
Bulgarien
Bulgarische Schwarzmeerküste
Kroatische Küste/Dalmatien
Kroatische Küste/Istrien/Kvarner
Montenegro
Rumänien
Slowenien

GRIECHENLAND | TÜRKEI | ZYPERN
Athen
Chalkidiki
Griechenland Festland
Griechische Inseln/Ägäis
Istanbul
Korfu
Kos
Kreta
Peloponnes
Rhodos
Samos
Santorin
Türkei
Türkische Südküste
Türkische Westküste
Zakinthos
Zypern

NORDAMERIKA
Alaska
Chicago und die Großen Seen
Florida
Hawaii
Kalifornien
Kanada
Kanada Ost
Kanada West
Las Vegas
Los Angeles
New York
San Francisco
USA
USA Neuengland/Long Island
USA Ost
USA Südstaaten/New Orleans
USA Südwest
USA West
Washington D.C.

MITTEL- UND SÜDAMERIKA
Argentinien
Brasilien
Chile
Costa Rica
Dominikanische Republik
Jamaika
Karibik/Große Antillen
Karibik/Kleine Antillen
Kuba
Mexiko
Peru/Bolivien
Venezuela
Yucatán

AFRIKA | VORDERER ORIENT
Ägypten
Djerba/Südtunesien
Dubai
Israel
Jerusalem
Jordanien
Kapstadt/Wine Lands/Garden Route
Kapverdische Inseln
Kenia
Marokko
Namibia
Qatar/Bahrain/Kuwait
Rotes Meer/Sinai
Südafrika
Tansania, Sansibar
Tunesien
Vereinigte Arabische Emirate

ASIEN
Bali/Lombok
Bangkok
China
Hongkong/Macau
Indien
Indien/Der Süden
Japan
Kambodscha
Ko Samui/Ko Phangan
Krabi/Ko Phi Phi/Ko Lanta
Malaysia
Nepal
Peking
Philippinen
Phuket
Rajasthan
Shanghai
Singapur
Sri Lanka
Thailand
Tokio
Vietnam

INDISCHER OZEAN | PAZIFIK
Australien
Malediven
Mauritius
Neuseeland
Seychellen
Südsee

REGISTER

In diesem Register sind alle in diesem Band erwähnten Orte, Berge und Ausflugsziele aufgeführt. Halbfette Seitenzahlen verweisen auf den Haupteintrag.

IMPRESSUM

SCHREIBEN SIE UNS

Liebe Leserin, lieber Leser,

wir setzen alles daran, Ihnen möglichst aktuelle Informationen mit auf die Reise zu geben. Dennoch schleichen sich manchmal Fehler ein – trotz gründlicher Recherche unserer Autoren/innen. Sie haben sicherlich Verständnis, dass der Verlag dafür keine Haftung übernehmen kann.

Wir freuen uns aber, wenn Sie uns schreiben.

Senden Sie Ihre Post an die MARCO POLO Redaktion, MAIRDUMONT, Postfach 3151, 73751 Ostfildern, info@marcopolo.de

IMPRESSUM

Titelbild: Matterhorn (mauritius: imagebroker.net)
Fotos: ALPHASURF SA: J.M. Duriaux (15 o.); Ammon (98 o. l.); Basel Tourismus/Giger (98 M. l.); Basler Papiermühle (98 u. r.); Biketec AG/FLYER: Simon Brülisauer (14 o.); Bilderberg: Keystone-CH (18, 28/29, 85), Steinhilber (80/81); Blinde Kuh (99 M. r.); BONVIVANT: Petra M. von Gunten (13 o.); Casinotheater Winterthur AG (13 u.); W. Dieterich (U. M., 2 l., 3 l., 23, 28, 66, 67, 97); FANtravelstock: Elert (40); R. Freyer (U. l., 3 r., 4 l., 4 r., 9, 16/17, 22/23, 27, 29, 30/31, 32, 35, 37, 44/45, 46, 48, 49, 51, 56/57, 61, 62/63, 71, 76/77, 82, 87, 92, 93, 106, 122/123); Galerie Christian Roellin (14 M.); R. Gerth (74, 78); R. M. Gill (2 r., 5, 24/25, 53, 55, 103); Heiner Grieder (99 u. r.); Adrian Günter (12 o.); Huber: Ripani (43), Schmid (26); Ideenreich GmbH (99 o. l.); IFA Bilderteam: Sonderegger (94/95); Iglu-Dorf GmbH (15 u.); G. Jung (6/7, 38/39, 58, 73); M. Kirchgessner (100/101); Dominik Labhardt (99 M. l.); Laif: Heeb (90/91, 104/105), Kirchner (11), Malherbe (22); mauritius: imagebroker.net (1); Museum Tinguely: Christian Baur (98 M. r.); Rhätische Bahn (111); RIVIERA, Basel am Rhein (12 u.); Schapowalow: Atlantide (89); Sihlcity (14 u.); T. Stankiewicz (U.r., 64, 68, 102); J. Stofer (142); W. Storto (20)
13., aktualisierte Auflage 2010
© MAIRDUMONT GmbH & Co. KG, Ostfildern
Chefredaktion: Michaela Lienemann (Konzept, Chefin vom Dienst), Marion Zorn (Konzept, Textchefin)
Autor: Rainer Stiller, Bearbeiterin: Judith Stofer; Redaktion: Karin Liebe
Programmbetreuung: Silwen Randebrock; Bildredaktion: Gabriele Forst
Szene/24h: wunder media, München
Kartografie Reiseatlas: © MAIRDUMONT, Ostfildern
Innengestaltung: Zum goldenen Hirschen, Hamburg; Titel/S. 1–3: Factor Product, München
Sprachführer: in Zusammenarbeit mit Ernst Klett Sprachen GmbH, Stuttgart, Redaktion PONS Wörterbücher

Judith Stofer ist gebürtige Schweizerin und im Kanton Aargau aufgewachsen. Heute lebt und arbeitet sie in Zürich.

Wie sieht Ihr Leben in Zürich aus?

Ich wohne, wie rund 70 Prozent aller Schweizerinnen und Schweizer auch, in einer Mietwohnung. Sie befindet sich in einem ruhigen, grünen und zentralen Quartier in der Nähe der Limmat. Mein Lieblingsquartier, der Kreis 5, liegt nur einen Katzensprung entfernt, und ins Büro gehe ich zu Fuß.

Was machen Sie beruflich?

Ich bin freischaffende Journalistin und Publizistin und schreibe über Religion, Gesellschaft und Reisen, hauptsächlich für Schweizer Medien.

Sie sprechen sicher mehrere Sprachen?

Ja, das ist für eine Schweizerin wie mich sozusagen überlebenswichtig. Ich spreche Französisch, Italienisch verstehe ich sehr gut. Diese Sprachen habe ich in der Schule gelernt, zudem habe ich in Genf, Fribourg und Paris studiert.

Die Schweiz muss man lieben – oder?

Ja, das gewiss. Ich liebe es, an meinem Wohnort Zürich in den Zug zu steigen und eine Stunde später an einem anderen Ort in der Schweiz auszusteigen – schon bin ich in einer komplett anderen Welt. Was ich dagegen nicht so mag, ist die Kleinräumigkeit. Jeder kennt hier jeden. Das hat manchmal Vorteile, weil man mehr Einfluss nehmen kann, aber eben auch spürbare Nachteile: Gewisse Wege sind verbaut, es gibt Erstarrungen. Mir fehlt hier die Bewegung. Darum fahre ich regelmäßig ins Ausland.

Was lockt Sie außerdem ins Ausland?

Manchmal das Essen. Durch meine Mutter habe ich die französische Küche kennen und lieben gelernt. Und meine Lieblingsküche ist – ich gebe es offen zu – die Mittelmeerküche.

Sie sind kein Fan der Schweizer Küche?

Doch, das auch. Zu meinen Schweizer Lieblingsspeisen gehören knusprig gebratene Rösti, ein Käsefondue moitié-moitié und Raclette. Bei den Süßspeisen zählt das Vermicelles (Kastanienpüree-Spaghetti) zu meinen Topfavoriten. Die beste Schweizer Schokolade macht Camille Bloch. Ich koche selbst gerne und gehe deshalb auch viel auf Märkte.

Für immer Schweiz?

So sehr ich auch an meiner Heimat hänge: Es ist ein alter Traum von mir, irgendwann einmal in Frankreich zu leben. Der Vorteil dabei wäre: Die Schweiz ist immer noch in der Nähe.

10 € GUTSCHEIN
für Ihr persönliches Fotobuch*!

Gilt aus rechtlichen Gründen nur bei Kauf des Reiseführers in Deutschland und der Schweiz

SO GEHT'S: Einfach auf www.marcopolo.de/fotoservice/gutschein gehen, Wunsch-Fotobuch mit den eigenen Bildern gestalten, Bestellung abschicken und dabei Ihren Gutschein mit persönlichem Code einlösen.

Ihr persönlicher Gutschein-Code: `mpenb3ca42`

Erlebe Deine Bilder!

Zum Beispiel das MARCO POLO FUN A5 Fotobuch für 7,49 €.

powered by **fotokasten**

www.marcopolo.de/fotoservice/gutschein

> BLOSS NICHT!

Die Sprache der Schweiz hat ihre Tücken

Züri Metzgete für Schlachtplatte halten

Eine Schlachtplatte heißt auf Schweizerdeutsch zwar *Metzgete*, Doch die *Züri Metzgete* hat mit Blutwürsten, Schweinshaxen, Speck und Innereien nichts zu tun. Die *Züri Metzgete* ist nämlich das einzige Weltcup-Radrennen der Schweiz, das jeden Sommer in der Umgebung von Zürich stattfindet.

Statt Franken Fränkli sagen

Es stimmt ja: Die Schweizer lieben Verkleinerungsformen. Eine Kasse wird schnell mal zum „Kässeli". Oder eine Sitzbank zu einem „Bänkli". Aber ein Einfrankenstück wird nie zu einem „Fränkli"; wenn schon, dann zu einem „Eifränkler", „Schtutz" oder „Schtei".

Verkehrsschilder missachten

Die Schweizer Polizei ahndet jeden Verstoß gegen die Verkehrsordnung. Besonders Geschwindigkeitsbegrenzungen sollten Sie überall und jederzeit strikt einhalten – selbst wenn Schweizer mit ihren Verkehrsmitteln deutlich zu schnell an Ihnen vorbeiziehen.

Schneeketten vergessen

Wenn Sie im Winter in die Schweiz reisen, sollten Sie unbedingt Schneeketten im Kofferraum haben. Wenn Sie indessen ohne fahren, gehen Sie das Risiko ein, dass es nach starkem Schneefall selbst in den Tälern unmöglich für Sie wird, weiterzufahren.

Wild zelten

Die Behörden haben ein Auge darauf: Wer sein Zelt in der freien Landschaft aufstellt, muss mit einer Strafe rechnen. Auch Wohnmobile dürfen nicht einfach am Straßenrand abgestellt werden. Auf eigens ausgewiesenen Parkplätzen ist eine Übernachtung lediglich auf dem Weg zum Campingplatz erlaubt.

Schweizer als humorlos bezeichnen

Sicher gibt es Schweizer, die humorlos sind. Aber alle in denselben Topf zu werfen ist zu einfach. Denken Sie nur an Emil oder den Clown Grock – beides Schweizer. Der hier gepflegte Witz ist vielleicht skurril und nicht immer offensichtlich – es gibt aber eine lange komödiantische Tradition in der Schweiz.

Zu viel zollfrei einkaufen

Bis 1905 war Samnaun, ganz im Osten des Kantons Graubünden gelegen, nur über Österreich erreichbar. Der Ort wurde zum zollfreien Gebiet erklärt und ist es bis heute geblieben – ein Paradies für Schnäppchenjäger. Doch Vorsicht: Denken Sie an die Zollbestimmungen Ihres Heimatlandes und an die Obergrenzen für die Einfuhr von Alkohol, Zigaretten und ähnlichen Mitbringseln. Die Grenze nach Österreich verläuft übrigens mitten durchs Skigebiet, und auch hier kontrolliert der österreichische Zoll streng.